李在明《イジェミョン》自伝

わたしが目指す韓国

李在明
ストーリーテリングコンテンツ研究所
波佐場 清［訳］

東方出版

그
꿈이
있어
여기까지
왔다

2022년 2월 18일 초판 1쇄 발행
2024년 7월 15일 초판 6쇄 발행

펴낸곳 (주)아시아
주소 경기도 파주시 회동길 445

はじめに　春の大地に芽吹くいのちのささやき

いつの間にか長い冬が去り、新しい春がやってきています。

この間、お会いしたみなさんから、わたしの政策のバックをなす人間としてのありのままの姿をもっと多くの人たちと共有できたら、というお言葉をいただき、この本を出すことにしました。

わたしについて言えば、「李在明《イジェミョン》は、仕事はよくできるが、喧嘩っ早いうえにキツイ」というイメージが強いことは分かっています。そのようなイメージがつくられたのは、まったくもってわたしの器量によるものです。こころの内面や感性をうまく表現できないために起きたことなのです。

この本を書くにあたっては、わたしが歩んできた道を正確に調べて検証した『人間李在明』をベースに、ボランティアのみなさんの力もお借りしてわたしの気持ちを率直にお伝えできるよう努めました。わたしの話が、冬のあいだ凍てついていた大地の中で新しい春を待つ種子に芽吹きを促す暖かいささやきとなってみなさんに近寄っていくよう願っています。

大学に入った後で光州《クァンジュ》の惨状（一九八〇年五月、民主化を求めて起きた民衆闘争「光州事件」のこと）を知り、誠実で素朴な人たち、貧困ゆえに苦しみ悲しい思いをしている、この社会の弱者のために生きていこうと日記に書いて誓いました。そして、その誓いを守ろうと努力しながらここまで来ました。

やりがいもあったし、たくさんの大切な人たちとの出会いもありました。しかし同時にまた、そのような誓いを守ることがどれほど厳しいものであるかということを日々、実感してもきました。とても悔しく、また、怖いと感じたことも少なくありません。既得権とのたたかいは、わたしに多くの傷痕を残しました。真実があらわれるまでには時間がかかり、困難が伴います。しかし、わたしはこんなことを学びました。真実は、いつかはきっと明らかになるのだ、と——。

この本は、国民のみなさんにおくるわたしの率直な告白です。

みなさんの力なくして李在明は存在しません。
また、みなさんの意志なくしては将来の李在明も存在しえないでしょう。
どうぞ、ごいっしょしてくださいますように……。

困難にぶつかるたびに手を差し伸べてくださり、わたしが不当な攻撃を受けるとき、「わたしが李在明だ」と叫んでごいっしょしてくださった方々、そして、厳しい状況に置かれた若者たちが生きていく明日の大韓民国のためにわたしが必要だと励ましてくださったみなさんに深く感謝申し上げます。

二〇二二年二月十六日　李在明

第三章

第四章

第五章

第六章

第七章

第八章

第一章

たいへんな奥地で、一匹の貂《てん》のように

わたしの故郷は慶尚北道安東市礼安面道村里《キョンサンブクトアンドンイェアントチョン》チトン村である。深い山奥の山のてっぺん、とてつもない奥地、火田民（焼き畑農民）の本拠地であり、いまもバスは通っていない。五十～六十代の男たちのロマンを描いたテレビ番組「わたしは自然人だ」（韓国のケーブルテレビ向けチャンネルMBN「毎日放送」の人気番組）の背景にぴったりの場所だ。

わたしは三渓《サムゲ》小学校に通ったが、往復十二キロの山道を歩かなければならなかった。小学生の足で通うのだから、欠席が多くなるほかなかった。大雨で橋が浸かれば通えず、吹雪になれば行けず……。

「兄さん、きょうはほんとうにいい天気だね」

わたしが言うと、前を行く兄がくるりと後ろを振り向いた。そして、ちらっと空を見上げた。

「そうだな。天気がとてもよさそうだ、そうだろう？」

わたしは兄の口元だけを眺めた。許しが出るのを期待しながら……。

「なんで行かんといかんのや。このまま遊ぼう」

行けない日も多かったが、このように自分で勝手に欠席として処理する日もけっこうあった。

冬だと、先を行ったいたずら坊主どもが、飛び石の橋に水を撒《ま》いておいたりもした。凍りついた飛び石はゴム靴では渡れなかったのでやはり、「途中下校」とする理由になった。数えきれない言いわけが、遠くて危険な登校を避ける理由になった。

登下校の道は遠くもあったが、忙しくもあった。行き来する道でテナガエビを捕まえて食べ、ツルニンジンを掘って食べ、ヤマモモを茹《ゆ》でて食べなければならなかったのだから……。ザリガニはすこしレベルが落ちる。本当に貴重で高級な食べものはテナガエビだ。ヤマモモにはそれにまつわる悲しい？物語がある。ふつう、ヤマモモはどこで生《な》るか、みんなが知っている。いってみれば、オープンな食べものというわけだった。熟れるときまで待っていれば機先を制せられるので、実も熟れていない状態でとって食べなければならなかった。熟れていないヤマモモは苦く、きつい味なので茹でて食べる方法を開発した。そうすれば、それなりに食べられた。

そのように自然のなかで、自然と区別もつかない身なりで、一匹の野生動物のように小学校時代を過ごした。朝は、露にぬれてだらりと垂れ下がった木の枝の下を這い回ったりもしたものだ。秋は黄や赤の紅葉の世界だった。青いモミジも混じっていた。驚くべきは、その色に一点の混じりけもなかったということだ。絞ると、黄、赤、青の染料がしたたり落ちそうだった。何ものにも汚染されていない「清らかな純粋さ」だった。

その風景はいまもわたしの心のなかの小さな屋根裏部屋に残っていて、わたしはそこでときどき慰められる。

故郷を出たのは小学校の卒業式の直後、一九七六年二月二十六日だったと思う。三年前に城南市《ソンナム》(京畿道《キョンギド》にあり、首都ソウルの南東に接する衛星都市。人口は現在九十余万)に発った父のもとへ全家族で上京した。故郷を出たのには、ちょっとしたわけがあった。わがチトン村のような奥地でも一時期、花札を使った遊びが大流行した。そう、そのとおり。花札二十枚を使った、あの遊びのことである。父も村の住民といっしょに、しばらくそれにのめり込んだ。おかげで、少ないながらもそれなりにあった畑まで売り飛ばしてしまった。父の上京にはそんな事情があったのだった。

城南とわたしの縁は、こうして始まった。

変わり者

二番目の兄ジェヨンは、あるインタビューでこんなことを言っていた。

「慶尚道《キョンサンド》の人間はちょっと不愛想じゃないですか。わたしたちのきょうだいもそうです。わたしやジェソンはもちろん、在明《ジェミョン》の妹や末の弟にしても母に抱かれて愛嬌を振りまくとか、そういうことはできません。けど、在明はそうではありませんでした。学校から帰ってくると、きまって『おかあちゃん』と言って走り寄り、やさしく抱っこをしてもらっていました。母は在明をとても可愛がっていました」（李《イ》在明氏は、父李キョンヒと母具《グ》ホミョンの間の五男四女の七番目として生まれた。二人の姉が早世したため、五番目として成長した）

「おかあちゃん」

学校から帰るといつも、わたしはまず、母を捜した。遠い畑で草取りをする母は、わたしの呼ぶ声を聞くと、草取り鎌を手にしたまま立ち上がって待っていた。そこへ、わたしは鉄砲の玉のように走っていって飛び込む。母の胸は温かく、いい匂いがした。

「図書室でおもしろい本を借りてきたんだ」

母の前では、わたしは限りなくテンションが高く、おしゃべりだった。


わたしはがんこで、仕事一筋だという評判のようだ。しかし、それはわたしの一部であって全部ではない。だれもがそうであるように、外面《そとづら》とは違う面がわたしにもある。実際、わたしは優しく、愛嬌たっぷりで、いたずらっ気の多い、明るい性格の持ち主だ。信じがたいだろうが、そうなのである。そうだと主張したい。実際、これからの話を通してそのことを証明してみせるつもりだ。兄のジェヨンは、こんなことも言っている。

「母と在明があまりにも睦まじいので、あとの子どもたちは同じきょうだいではないみたいに思えて、寂しかったですよ」

きょうだいのなかでも母の愛を特別に受けたがる子がいるものだ。「排他的な愛の独占」といえば、そういえる。ともかく、成長していくうえでもっと多くの愛を必要とする、だから、愛されるために最善の努力を尽くす。そんな変わり者が家族の中にはいるものだが、わたしはまさにそんな部類の人間だった。

一生を通して最も力を入れて学ばなければならないものの一つが「愛」だと思う。愛は経験であり、努力であり、また、学ぶこと、つまり「学習」だ。愛は、それを表現した分だけ育つ。わたしは還暦に近い年だが、他人には理解されそうもないほど妻と悪ふざけをし、おしゃべりをして遊んでいる。わたしがこのように生きて来、いまを生きることができるのも結局のところ、母からあふれるほどの愛をもらったおかげなのだと思う。

父は、わたしが（中学卒と高校卒の資格を取るための）検定試験の勉強をしていると、電気代がもったいないといって電気を消し、バス代がもったいないといって試験の成績を確認するために水原市《スウォン》（城南市に近いソウル近郊の市）に行くのも許さなかった。そんなこともあってとても恨めしく思ったものだが、家族についてはそんなことばかりがあったわけではない。

経済的な困難が愛の邪魔をするようなことがあってはならない。貧しくて恵まれない家庭があってはならず、貧しくて愛を諦める青年がいてはならない。

そんな社会づくりに役立ちたいというのがわたしの夢だ。理想的だろうか？

しかし、それは当たり前のことではないのか。

頬に二十七発

父が城南市に行ったあと、母はひとりでわたしたちきょうだいを育てた。焼き畑をしたり、他人の畑仕事を手伝ったりしてアワやひきわり麦をもらってきた。そんなひきわり麦もしょっちゅう不足し、ヌカをもらい、蒸して餅にして食べた。ヌカは麦の殻である。「麦のケ・トック」(「ケ」は犬、「トック」は餅の意)と呼んでいた。その餅は、いくらよく噛んでも呑み込むとき、とがった麦の殻がのどをチクリと刺した。「ケ・トックのようだ」という言葉の「ケ」は、一般にいわれているような「犬」の意味ではなく、ヌカのことだと思っていた。食べにくいご飯だったが、わたしはおいしいふりをし、一生懸命にかんで呑み込んだ。母の様子をチラッ、チラッとうかがいながら……。のどがチクチクする、と駄々をこねる弟や妹には横目でにらみ、目配せをしてなだめた。

クレパスや画用紙のようなものを学校へ持って行ったことはない。何かにかこつけた「運動月間」といったようなものも多く、そのたびにリボンを買って付けなければならなかったが、それも用意できなかった。春と秋には田畑で稲や麦の穂を一升ずつ拾って来い、と言われた。いくら一生懸命やっても実の入っていない粃《しいな》一合さえも手に余った。学校のみんなは家から一升ずつ持って行ったりしたが、わたしは自分の体でつぐなった。学校の言いつけを常習的にすっぽかし、殴られたり、いじめられたり、便所掃除をやらされたりした。母にそんな話をしたことはない。

みんなが特別活動の時間に写生で野山に出れば、クレパスも画用紙もないわたしは独り、教室に残っていたりした。寂寞とした教室には陽光だけがいっぱいにあふれ、わびしさ、孤独、若干の悲しさのようなものが、塵のように浮遊していた。

みんなの仲間に入れないアウトサイダー、主流でなく非主流、わたしの非主流の歴史は思いのほか根っこが深い。

〽朝の鐘が鳴ったよ　新しい朝が……（朴正熙《パクチョンヒ》作詞・作曲「セマウルの歌」の歌い出し）

セマウル運動（一九七〇年代、朴正熙政権が始めた政府主導の農村社会開発運動）で、村の道端にコスモスを植える環境美化作業をしたことがある。わたしは母を手伝い、たきぎを取ったり畑仕事をしたりで、まともに作業ができなかった。それが見つかった。先生には、なぜそうなったのかといった事情は通じなかった。手のひらが頭に向かって飛んできた。先生の手がバシッ、バシッと顔面にまとわりつくように当たり、ボーッとなった。美化作業をちゃんとやらなかったということだけが理由ではなかっただろう。殴られなければならない理由が分からなかったわたしは、殴られながらも先生をそのままじっと見つめていた。頭を下げなかった。それでもっと殴られたのだろう。その日わたしが食らったビンタは二十七発だった。友人が数えてくれていて分かった。遠い親戚の友人はその場面を長い間、覚えていた。わたしよりももっと長い間……。

わたしの小学校時代の成績表の行動欄には、こういうことが書かれている。ほめ言葉のあとにくっ付いた一言――。

「友人との付き合いがよく、何ごとにも意欲があるが、突っかかる性向がある」

突っかかる性向あり――。それはどういう意味だったのか？　何に突っかかるということなのか？　しゃにむに挑戦する、という意味だと解釈したい。

貧しさゆえにより早く成長し、より早く世の中のことを知るようになった。貧しさは罪ではないものの、貧しさゆえに嘗《な》めなければならない理不尽さはあった。幼心にも不当なことに遭えば敏感に反応したようだ。理不尽に対する敏感さは人並外れていたと言おうか。そうしなくては生き残れなかったのかもしれない。

突っかかってこそ守られるものがあった。

母が信じたがった占いの力

苛酷な労働のなかで九人もの子どもを産み、七人も育てたからなのだろうか？　子どものころ、母がわたしの誕生日を忘れてしまったことがある。まあ、そんなこともありうるだろう。子どもたちが腹を空かせないことが大事なのであって、誕生日だからといって何かを特別にしてやることもできなかったのだから……。旧暦で二十二日だったのか、それとも二十三日なのか。こんがらかった母は、悩んだ末に占い師のところに行って誕生日を聞いてみた。

そのことで、おとなになってから母と冗談を交わしたりもした。

「お母さん、ひどいよ。だいじな息子の誕生日を忘れてしまうなんて…」

「忘れたんじゃないって」

「なら、なんで占い師に聞いたの？」

「確かめるために一回、聞いてみただけなんだよ」

「確認するのに、だいじな大麦を一升もやったというわけ？」


ともかく、大麦一升で宇宙の気を集めた占い師は、わたしの誕生日を二十三日と確定した。問題は、この占い師は誕生日を決めるついでにわたしの運勢についても簡単明快に指し示したということだ。

「この子をちゃんと育てれば、あとでいい暮らしをさせてもらえる」

リップ・サービスで言ったそんな突拍子もない言葉に、母は小躍りして喜んだ。それは、母が一生だいじに秘めることとなった、わたしにたいする格別な期待と信頼の源となったのだった。

加えて、遠い親戚筋に当たる老人の一人も、わたしを見るたびにこんなことを言った。

「こいつ、いい耳たぶをしている。見てみろ、大物になるやつだ。大きくなるぞ」

母は、占い師と老人のことばを信じた。というより、一縷の希望すら持てない厳しい現実にあって、繰り返し心に刻み、思い返すことによって、その言葉は信仰となり、真実となっていったのである。

「おまえはきっと、うまくいくんだから」

母の言う、そんな言葉が、いつの間にか不思議な力となり、わたしにとってもこの世でただ一つの自分への確信のようなものになっていた。そのことが、状況から判断してどう見ても論理的には不可能としか思えないようなことに挑戦し続ける意地と勇気の源となったのだった。

後に城南市長になったとき、市長室を訪ねてきた子どもたち一人ひとりに、将来の夢を聞き、必ずその夢をかなえるようにと、いちいち書いてやったりもした。子どもたちにとってわたしの書いてやったことが確信に満ちた挑戦の源になることを願ってのことだった。うれしそうな表情でその一枚の紙を胸元に抱いて帰って行った子らの姿がいまもありありと目に浮かぶ。

切実さ、そして確固たる信念には強い力がある。

想定しがたい道を歩んでここまで来ることができたのも漠然としたものではあったが、わたしはうまくいくのだという信仰に基づいた、考えようによっては無謀ともいえる挑戦のおかげだった。そして実際、そんな信仰に真の力を与えたのは占い師ではなく、母である。工場のプレス（圧縮機械）によるけがで成長板（軟骨帯）が損傷したわたしの腕が少しずつ曲がっていったときも、わたしの腕をなでさすりながら母が自らを慰めるために繰り返した占い師の言葉は、むしろ、わたしにとって慰めとなった。

母は、時としてわたしの日常に不運の兆しが見えると、占い師の言葉を繰り返すことによって不運を未然に防ごうとしたのかもしれない。わたしは、きょうだいの中でも最も幼い時期から工場で働き、一番ひどいけがをしていた。そんな四番目の息子を眺める母には、この先、この子にはいいことだけしか残っていないという思いと期待が何よりも強かった。いま振り返ってみると、それはただ、ひとえに母の力であった。

五年生は全員、修学旅行に行く

小学校時代、厳しい先生しかいなかったというわけではない。五年生のときの担任と校長先生はわたしに特別な体験をさせてくれた、ありがたい人たちだった。

「全員で行く修学旅行なのに在明君だけが参加しなくていいのでしょうか？　校長はそんな方針なのです。三渓小学校五年生は一人残らず、全員、修学旅行に行くと、そう決めたのです」

山間の火田民の疎開小屋まで訪ねてきた先生はそう熱弁を振るった。費用の問題はなんとか解決してみせる、とも言った。他人に迷惑をかけまいと精いっぱい生きてきた母は悲しげで複雑な表情を見せながら修学旅行参加同意書に丸印をつけた。帰っていく先生のうしろ姿はどこまでも尊く、すばらしかった。しかし、そんな先生を見送りながら、わたしは頭を上げることができなかった。火田民の疎開小屋を先生に見られたのが恥ずかしかった。疎開小屋は強制的に移住させられた火田民のためのセメントブロック二部屋だけの粗末な家だった。

校長先生は、全員で修学旅行に行くという方針を立てただけではなかった。貧しい家の子らの事情を察し、自分で修学旅行費を工面できるようにしてくれた。わたしと、わたしと似たような境遇の子の二人に河川敷の畑の石を拾ったり小さな手で麦刈りをしたりする仕事を紹介し、そのお駄賃を貯金できるようにしてくれた。お駄賃も大人の半分に近い大金だった。ほかにも、学校の売店を児童らに直接運営させ、貧しい子らのための修学旅行費として貯金した。

いま考えると、時代を先取りする先生たちだった。貧しい家庭の子らのプライドを傷つけず、自ら達成できるよう後押ししてくださったというわけである。深い心配りと細やかな愛なしにはできないことだった。

それでわたしたち五年生は、貧しさゆえに抜ける子が誰一人としてなく全員が、生まれて初めての慶州《キョンジュ》へ修学旅行に出かけた。そこで、夏でも氷があるということを十ウォンのアイスクリームを食べてみて初めて知った。さらに、魚を骨ごとすりつぶしてつくったホンモノの蒲鉾《かまぼこ》の味も……。

幼少期の幻想のようなシーンも校長先生がつくってくれた。髪を束ねたその女性の校長は、真冬のある日、全校児童に学校の前の田んぼに出るようにと言った。遠くから軍用ヘリコプター一機が飛んできたかと思うと、驚くことにその巨大で神秘的な飛行物体がわたしたちの目の前に舞い降りたのだった。わたしたちにとって石つぶての対象だったそのずっしりとした鉄の塊を近くで見ることだけでも感激だったのだが、校長先生がパイロットと何かを話していたかと思うと手を振って子どもたちを呼び寄せた。

「触ってご覧！　これに乗れば、世界中、どこへでも行けるんだよ」

校長先生のその言葉は魔法のようにわたしの心を奪い、真っ先にヘリコプターに近づいていって、冷たいその胴体を触ってみた。胸がときめき、全身がふわっと浮き上がった。子どもたちの指紋がついたヘリコプターは一瞬にして空中へと飛び上がり、消えていってしまったが、わたしに未知の広大な世界への夢を抱かせてくれた。

貧しくても、そうでなくても、子どもたち全員が修学旅行に行く。その簡潔、かつ美しい基準――。わたしが主張するベーシックインカムは、この最初の体験に芽生えたのかもしれない。子どもたちで売店を運営し、その収益を修学旅行費として分け合ったことは協同組合とベーシックインカムについての最初の経験だった。

人生には、時として予想外の驚くべきことがある。わたしのなかには愛にあふれた、あの先生たちがいらっしゃる。

十三歳、ネックレス工場、十二時間労働

小学校を卒業するとすぐに、三年前にソウル近郊の城南市に行っていた父の後を追い、家族も全員、上京した。一九七六年二月のことだった。当時、城南はソウルの貧民街やバラック村の撤去によって追い出された人たちが集まって住んだ都市でもあった。わたしたち一家は火田民の疎開小屋から城南市上大院洞《サンデウォンドン》の丘の頂きにある賃貸住宅に引っ越した。

引っ越しの時、わたしが手に持っていた荷物といえば、本を入れる鞄《かばん》ではなく、鉄製の軍用工具入れだった。中にはモンキースパナーやペンチ、ニッパーなどが入っていた。自転車を修理するための道具と部品だった。当時、わたしは自転車修理に通じていた。自転車を見ると、いまでも胸がわくわくする。人の力だけで転がる薄くて丸い二つ

の車輪……。ペダルを踏むと世界がわたしのなかに流れ込んできた。

わたしの出身階層は、工具でいっぱいに詰まったその日の引っ越し荷物だけを見ても明らかだった。いま流行りの言葉で言えば、「土のスプーン」（貧困層の人という意味。親から譲り受ける財産もなく、努力しても貧困から抜け出せないという意味で用いられる。日本でいう「親ガチャ」に近い。反対語は「金のスプーン」）にも届かない「スプーン無し」だった。当時、中学校にも行けないほどの家庭はそうはなかったが、わが家の暮らしはそうだった。もうそれ以上、学校に通うことはなかった。

十三歳で、賃貸住宅の裏通りの住宅の中でネックレスをつくる家内工場に就職した。練炭火鉢をぐるっと囲んで座り、塩酸でまぶしたネックレスの材料を、練炭の上で煮え立つ鉛の入った容器に浸してはんだ付けをする仕事だった。終日、練炭ガスと気化した鉛の蒸気を吸わなければならなかった。顔がほてり、下着がぐっしょりと濡れた。いつも頭がボーッとし、くらくらしたが、そのとき、それがどれほど命にかかわる有害な物質であるのかを知らなかった。月給三千ウォン。コメ一俵の値段にもならなかった。

しばらくして月給一万ウォンを支給するというネックレス工場に移った。上大院洞の向かいの倉谷洞《チャンゴク》まで、三〜四キロの道を歩いて通った。作業環境はもっと悪かった。しかし、一万ウォンももらえるんだ！　朝八時半に出勤して夜九時まで、一日十二時間働いた。仕事が滞るともっと遅くなったりもした。帰りの道で九時二十五分になると、電器店から流れて来ていた「わたしの心は湖だ」という歌い出しの歌が、いまも耳に残っている。昼食は母がつくってくれた弁当を食べ、夜は家に帰ってから遅い晩ご飯を食べた。くたくたに疲れて家に帰ると、母は食膳を出した。母はご飯茶碗に顔を埋めていそいそと食べるわたしを黙って見ていた。

辛かったかって？　わたしは自己憐憫に陥る暇など、なかった。市場の公衆便所の掃除をし、チリ紙を売り、小便十ウォン、大便二十ウォンの使用料をもらっていた母と妹のことがもっと悲しかった。そう、そのとおりだ。この世でわたしのことを一番愛してくれていた母は、そんなことをしていたのだ。しばしの間もその場を外すことができず、食事も便所の前でとった。家ではセメント袋のほこりをはたき、折り畳んで売った。そんな母が可哀想で、少しなりとも幸せにしてやりたくて、焦った。

劣悪という言葉さえ贅沢だった工場、長時間の労働、わたしの心の痛みだった母と妹らのきょうだいたち。その時期の風景と、その場その場の臭いがわたしの骨にしみ込んでいる。そのようなことは歳月が流れたからといって消えるものではない。

忘れられない――いや、覚えていようと努力する人生を生きてきたので、持たざる者にとってこの世がどれほど過酷なものであるかが分かる。経済的困難のために極端な選択をする多くの人たちの、その一人ひとりの理由を聞くと、とても急《せ》いた気持ちになるのもそのためなのだと思う。

十分な暮らしができていない人や社会的弱者に対し、わたしたちの社会は思いやりのある囲いになってあげなければならない。そのような人たちを大切にし、面倒を見てあげられる共同体ができてこそ、わたしたちの住む社会がジャングルや「ヘル朝鮮」（ヘルは「地獄」を意味する英語hell。いくら努力をしても報われない韓国社会を否定的にいう造語。

前近代的な朝鮮時代のような非合理な国というニュアンスを含んでいる）ではない、幸せな塒《ねぐら》といえるのである。

いま、わたしが成そうとしていること、していることはすべて、その延長線上にある。そのようなことは選択の問題ではないので激しくならざるを得ず、放棄もできないのである。

第二章

貧しいからといって愛を知らないだろうか

三カ月分が未払いになっていた給料をもらうことになっていた日だった。うきうきした気持ちでいつものように四キロの道を歩いて倉谷洞《チャンゴク》のネックレス工場に行った。ところが、工場の門が閉まっていた。事情が分かるまでにそう時間はかからなかった。社長が社員の給料を踏み倒して夜逃げをしたのだった。

いつもなら夜九時過ぎに家に帰る道を、その日は真っ昼間にとぼとぼと歩いて帰った。一日十二時間、九十日分の労働が跡形もなく消えてしまった。このごろのように届け出て援助を受けるすべもなかった。加えて、わたしはまだ十三歳で就業年齢に達しておらず、他人の名義を借りて働いていたのだった。

「おかあちゃん！」

母は家で副業の干し明太《めんたい》を裂く作業をしていた。母を見た瞬間、急に涙があふれ出た。底知れぬ悔しさがこみ上げてきた。驚いた母が飛んできてわたしを抱きしめ、トントンと背中をたたきながら慰めてくれたが、わたしの泣き声はかえって大きくなるばかりだった。いま振り返ってみるに、たぶん、母のほうがもっと辛く、悔しく、悲しかっただろう。

再び、「トンマ・ゴム」というコンデンサー用のゴム部品工場で働いた。モーターで回転するサンドペーパー研磨機を使い、射出成形機で型抜きしたゴム基板を磨く仕事だった。いわゆる「ペーパー掛け」である。ほどなく手のひらが擦り剥《む》け、指紋がなくなったかと思うと血が流れ出た。

夜勤は夜の十時まで、徹夜勤務は午前二時までだった。徹夜の日は、夜間通行禁止時間（韓国では一九八二年一月まで、首都圏などで夜間の通行が禁止されていた）と重なるため（通行禁止が解除される）明け方四時まで工場の床で寝てから家に帰った。通行禁止解除の時間まで寝付けないときは歌を覚えたり、雑談をしたりしながら時間をつぶした。そのとき、江原道《カンウォンド》出身のちびっ子（驚くことにわたしよりも年少だったが、いまは名前を忘れてしまった）から教えてもらった初めての最新流行歌がハナムソクの「夜に去っていった女」だった。

ある日、研磨機に指を巻き込まれた。いい加減な治療のおかげでわたしの左手中指には、いまも黒いゴムの粉が残っている。労災で治療を受ける期間中は月給の七十パーセントを支給――とする法律などは知るすべもなく、会社側にもそのような考えはまったくなかった。

月給をもらうために左手にギプスを巻いたまま工場に出て、もう片方の手で仕事をした。片手で仕事をしても月給全額をもらえるということがむしろありがたかった。

「在明《ジェミョン》や、ギプスがとれてからにして。手がなくなってしまうではないか」

しかし、母はわたしを止めることができず、出退勤の道をわたしに付き添うことで不憫さを慰めた。夜遅くまで公衆便所で仕事をしながらわたしに工場まで付き添い、徹夜勤務の日は、明け方四時に迎えに来た。それは、お金もなく、力もない母が幼い息子にしてやれる最高の愛だった。

世の中が寝静まった明け方、母と二人で上大院洞《サンデウォン》の坂道を登ると息も切れ、辛かったが、握った母の手を歩みにあわせて陽気に振るわたしは幸せだった。母といっしょなら、長い一日の辛い労働は何ということもなかった。母の手はいつもあたたかかった。

冷え冷えとした暮らしを耐えさせてくれたのは、そのような温もりだった。ある詩人が言ったように、貧しいからといって愛を知らないとでもいうのだろうか（韓国の詩人申庚林《シンギョンニム》〈一九三六～二〇二四〉の詩「貧しい愛の歌」からの引用）。

父との戦争、その始まり

工場へ向かう途中、学生服を着た子どもたちを見ると羨ましかった。学生服のカラーが朝の陽光を受けて白く光り、子どもたちが持つ鞄《かばん》の中にはわたしの知らない世界が入っていた。わたしとは違う世界を生きていく子どもたちだった。わたしは灰色の作業服だった。おしゃべりをしながら元気に登校する生徒らと逆方向の工場へ行く道は辛かった。できるだけ彼らと出会わないよう、わき道を選《よ》って歩いた。

ある日、学生服を着て工場に通っている子を見つけた。どういうことなのか？ 目がその子に釘付けになった。調べてみると、高等公民学校（韓国で中学教育が義務化されたのは二〇〇二年からで、それまで主に小学校卒業者を対象に設けられていた中学レベルの学校。

夜間課程もあった）に通う生徒だった。わたしのなかで、何かがキラリとひらめいた。

「お父さん、ボクも夜間学校に行くから」

家に帰って父にそう言った。希望のようなものがチラリと見えたような興奮がわたしを包み込んでいた。わたしは父の口元だけを見つめていた。

「夜間学校は正規の学校じゃないので、三年間通ったうえに、さらに卒業検定試験を受けんといかんのや」

父は承諾しなかった。お金を稼ぐために工場にでも通わせようと、勉強をさせないでおこうとしているのだとわたしは断定した。

父との長く、深い葛藤の始まりだった。この時から大学に入るまで、わたしはひたすら勉強をするために父とたたかわなければならなかった。

父は中退ではあったが、大邱《テグ》で苦学をして大学の勉強をしたこともある人だった。教師や警察官もしていたが、独り息子だったので父母の面倒をみるために故郷に帰るほどの孝行息子だった。その代わり、農業のことはまったく分からなかった。そんな父だったが、城南《ソンナム》に上京してからは完全に変わって守銭奴になっていた。がむしゃらに働き、がめつく貯めた。家には金を稼ぐ人間だけがいて、使う者はいなかった。

父は何がきっかけでそのように変わったのか？　兄のジェヨンはインタビューで、次のように語っている。

「父は安東《アンドン》の両班《ヤンバン》の出身なんです。若いころは自分よりもほかの人のことをまず考えて道理を尽くすといった具合で、私事よりも公のためにという道徳意識を持っていました。村のことはすべて只《ただ》でしてあげながら自由気ままに生きていた人でした。自分の持つ知識やお金、時間はすべて他人のために使っていたのです。

で、その結果はどうだったのか？　父は、城南に来てからはもう、体面とか名分、勉強といったものはどうでもいい、乞食にならずに済むには、がめつく金を貯めないといけない、と。そんなふうに心に決めたようなのです」

父にも父なりの言い分はあっただろう。自分が思ってきたのとは違う世の中に傷ついたあと、本来の自分を否定して生きていたのだろうか。もしかして、父は生涯、憤慨し続けていたのかもしれない。

とはいえ、十四歳の息子が工場に通いながら夜間学校に行きたいというのを邪魔する父のことを理解できなかった。権威的な父を持つこの世のたいがいの息子がそうであるように、わたしにとっても父はいつかは乗り越えなければならない山だった。

夜間学校に行くな、という言葉を聞いた日、わたしは布団をかぶって長い間泣いていた。

わたしの体に残る百個の傷痕

氷菓類販売用の冷蔵庫をつくる亜洲《アジュ》冷凍という工場に移り、鉄板を折り曲げたり、カットしたりする仕事をすることになった。巨大なシャーリングマシンに鉄板を載せ、ペダルを踏むと断頭台のような刃が落ちる。厚い鉄板もハサミで紙を切るように簡単に切れた。「トンマ・ゴム」で毎日、わたしの手のひらの血の痕を見せつけられた母の心配から工場を移ったのだが、かえって、もっと危険なところへ行ったというわけだった。

亜洲冷凍では、出勤すると軍服を着た管理職が「軍紀を正す」といって一列に並ばせ、暴行を加えた。地面に両手をつかせて高這いにさせ、高く上げた尻を棒で叩くのだ。「バッタ」といった。不良品が多い日も叩かれた。工場から帰るときも軍紀を維持するのだといって出口近くでまた、叩かれた。人権などということは本のなかだけにある話だった。

ある日のことである。

「あっ！」

隣で切断作業をしていた古参の工員の声がしたので振り向いた。彼の視線の先に何かが落ちていた。すこし動いていたように思う。事故に遭ったその先輩は「おおーっ」と言うと、ニヤッと笑いながら、すぐにそれをつまみ上げた。彼はそれまでに二度、指切断の事故に遭っていた。自分でビニール袋に切れた指を入れ、作業場を飛び出しながら、その時になってようやく悲鳴を上げた。わたしは完全に凍りついたまま、その光景を最初から最後まで、すべてを見届けた。ニヤッと笑ったその顔は、わたしの目の前で怪しく歪んでいた。

「シャーリングマシンは刃が鋭いので事故に遭っても初めはよく分からないんだ。ただ、冷たく、涼しく感じるだけだ。手を上げてみて初めて分かるんだ」

だれかが耳元で、そうささやいた。その晩、わたしは長い悪夢をみた。

工場の扉は、出勤と同時に固く閉められた。退勤の時刻になるまで、昼休みの時間も工場の外へは出られなかった。工場の扉を開けて外に出、目の前の山で見事に咲いたツツジの花を摘み採って思う存分食べてみたかったが、かなわぬ願いだった。

工場で頼りになるといえば、わたしと同じ境遇の少年工員たちだけだった。小学校もまともに卒業できないまま田舎から上京してきて「産業の担い手」などと大仰に呼ばれた、ちびっこ工員たち——。

いつからか、わたしは母に弁当をもう一つ余分につくってほしいと頼んだ。独り暮らしで昼食を抜く子らと分け合って食べるためだった。母はわたしの願いを快く聞いてくれた。ほかの仲間らもそれぞれに弁当を分け合って食べ始めた。どうってことのない、ありきたりのおかずに、こちこちの冷えた硬いご飯。十分なものではなかったが、分け合って食べるその時間だけは楽しかった。いっしょに分け合うこと、それだけで幸せになれた。

亜洲冷凍でもトタン板を切っていて数えきれないほど刺されたり、切り傷を負ったりした。その後もひっきりなしに気おされ、落ちこぼれ、くじかれ、騒音や有毒薬品にさらされた。おかげで、わたしの体にはそのころの傷痕が残っている。おそらく、百カ所余りになるだろう。

わたしの体の傷痕は消えてなくならない。それは指紋のように残っていてわたしのすべてをなしている。

幼い工員だった子たち、その貧しかった子らの澄んだ悲しみがいまもわたしのなかでさざ波を立てている。

十五歳の成功

危険な仕事は避けようと溶接に目をつけた。溶接工を一生懸命追いまわして助手をしてみたが、技術を学ぶ機会は回ってこなかった。

ラッキーと言おうか、亜洲冷凍は廃業した。父はすぐにほかの仕事を見つけてきた。わたしはまた、新しい工場に行かされた。スキー用の手袋や野球のグローブを作る大洋《テヤン》実業だった。「シタ」と呼ばれた下っ端から抜け出ようと一生懸命にプレス機を覚えた。シャーリングマシンの経験者であったこと、見よう見まねが上手だったのと仕事ぶりのよさで、わたしは他の工員よりも早くプレス機一台を任せられるようになった。

なんとプレス工になれたのだ！　ここで、「それなりに成功した十五歳だった」と書こうとして、やめた。成功どころではない。ゴム基板研磨機の仕事をしていては手がまともでなくなるので工場を移ったのだが、新しい工場ではもっと危険なシャーリングマシンに出あった。そこから離れると、こんどはプレス機の前に座っていたというわけである。

世の中は、少年工員の安全には、なんの関心もなかった。

大洋実業では三日にあげず、ボクシング大会が開かれた。ボクシングが人気だったころだった。試合は昼休みの時間に工場の倉庫でおこなわれた。社員の団結とか福祉とかのためにおこなわれたものではなかった。選手は新入りの工員たちで、選手の指名権は班長や先輩らにあった。指名された少年たちはいやおうなしにグローブをはめて闘わなければならなかった。そして、先輩らは自分たちで食べる「ブラボーコーン」（韓国ヘッテ製菓のアイスクリーム）を賭けた。ブラボーコーンの代金は、そのボクシングならぬ格闘技で負けた新入りの工員たちが負担した。

やりたくもない試合を強いられた少年たちは、負けると金まで出さなければならなかった。わたしも目をつけられるとどうすることもできず、試合に出ていた。一カ月の小遣いが五百ウォンだったが、ブラボーコーンは百ウォンだっただろうか。試合で負けるとブラボーコーン三個分の値段に相当した日当がそっくりなくなった。まったくくだらない競技だった。

わたしはその時すでに左腕が思うように使えなくなっていた。落雷のように落ちるどっしりと重い旧式のプレス機で左手首をたたきつけられる事故に遭っていた。手を引くのがもう少し遅れていたら……。手首が腫れあがったが、打撲くらいに思い、赤チンとアンチプラミン軟膏（韓国版メンソレータム）を塗るだけにしていた。手首の骨が折れていたとは思いもよらなかった。

しかし、腫れが引いてからも痛みは消えず、プレス機の作業が思うようにできないほど痛かった。そんなそぶりを見せるとプレス工の地位を失うと思い、痛みをこらえ、そのことを隠して、より一生懸命に働いた。それが一生残る障がいになるとは、そのときは分からなかった。プレス工を外されないことだけが、だいじだった。

ボクシングを習ったこともない少年工員たちは友人の顔に向けて拳を振るったり、めちゃくちゃに殴られたりしなければならなかった。勝っても負けても、わたしたちは闘犬場に引っぱり出された子犬のようだった。体が小さく、体力の弱かったわたしは、試合にかこつけたこのけんかでは、ほとんど殴られっぱなしだった。殴るのも殴られるのもいやだった。そこへお金まで巻き上げられると、ほんとうにめちゃくちゃな気分になった。

家への帰り道、わたしはひたすら別の工場へ移ろうという言葉だけを繰り返しつぶやいていた。

中学課程を三カ月間で勉強

工場には、殴られず、お金を巻き上げられず、昼休み時間には自由に工場の外へ出かけることのできる人がいた。

洪《ホン》代理だった。

目が飛び出ていて「カエルの目」と呼ばれていた。彼は工場では「王様」だった。班長も洪代理の前では手も足も出なかった。

わたしは洪代理のようになりたかった。洪代理はどうして代理になれたのか？　重要なポイントだった。それとなく周りの人たちに聞いてみた。意外と答えは単純だった。高卒だった。ああ、高卒！　わたしは遠大な三つの目標を立てた。日記帳にギュッギュッと筆圧をこめて書いた目標は次のようなものだった。

一、他人に殴られずに暮らす。
二、お金を儲けて貧乏から抜け出る。
三、縛られず自由に生きる。

勉強をしようと心に決めた。父が反対する夜間学校でなく、ほかの方法について調べているうちに検定試験学院という塾があることが分かった。高校入学検定試験は八月初めで、十三週ほど先だった。父も三カ月余りの間、夜間の検定試験学院に通うことを許してくれた。三年間の勉強を三カ月間でやってみることにした。とんでもない、無茶な挑戦だったが、わたしは出世すると占い師も言ったというではないか。耳たぶも成功する相だと……。

工場から帰るとすぐに塾に走って行った。三キロの道をバスにも乗らずに走ったり歩いたりする日が多かった。帰りは当然、歩いた。ノートや筆記用具を買うのに小遣いを全部使ってしまい、バス代はほとんどなかった。バス代については悔しい思いもした。

当時、学校に通う子らには学割があったが、同じ年齢なのに工員は一般料金を払わなければならなかった。不当だった。のちに大学入試予備校に通うときは髪を坊主頭にした。学生のように見せかけて割引料金にするためだった。

へとへとになって塾に着くと、冷たい水で顔を洗い、授業を受けた。どうしてこうも暑く、眠たいのか。トイレの臭いがどうしてこうもきついのか……。死にもの狂いで勉強した。疲れたが、幸せだった。そのようにできたのも、初めて「ほめ言葉」というものを聞いたからだ。「勉強がよくできる」という先生たちの称賛は、それまでだれからも聞いたことのない、認められる言葉だった。

そこで、沈《シム》ジョンウン君とも出会った。同じ少年工員で、授業が終わるとわたしと同じように残って襲ってくる睡魔とたたかいながら自習をした。わたしたちは当然のことながら親しくなった。友人沈ジョンウン君はそのころのわたしについて、こう語っている。

「在明君は、暗記力にとくに優れていて、先生方は最高だとほめていました。彼は三カ月間で、わたしは四カ月間で合格しようと必死で勉強していました。夏だというのに彼は半そでを着ていませんでした。その時はまだ、腕にけがをしていることをだれにも言っていませんでした」

試験の一カ月前、工場に通いながら勉強していてはとても合格できそうになかったので、父に一カ月間だけ勉強に集中できるようにしてほしいと頼んだ。返ってきたのは「工場にちゃんと通え」という、つっけんどんな言葉だった。そんなとき、なかに入ってくれたのが母だった。

「塾の月謝も自分で稼いで通っている子に、なんてことを言うの？　ほかの人たちはみんな学校へ出してやっているというのに、ウチらは親として、何かしてやっていることでもあるというの？」

めったと父に歯向かったりはしない母だった。父はひるんだ。母は職権で、その場でわたしに命令した。

「勉強をするんや！　ウチは下着を売り払ってでも金を工面してやるから」

決定的な瞬間には父をも圧倒する「偉大な母」だった。

洪代理になるか、洪代理のいない世をつくるか

奇跡的に高校入学検定試験に合格した。試験準備を始めるとき、わたしはアルファベットも知らなかった。他の科目はともかくも、三カ月で英語の試験にパスするというのは無理な話だったが、九科目中、一科目も落とすことなく合格できた。

元もと英語は次回の試験で合格を狙う心づもりだった。そんなわたしに英語の先生が秘策を教えてくれた。「四択問題では、長い答えか、三番が正解である可能性が高い」というのだ。おかげで、英語はぜんぶその通りにしたのに四十五点もとった。全科目平均で七十点を超え、中学卒業の資格を得た。このようなことは確率の科学を超える、まさに奇跡といえた。

母ときょうだいたちが祝ってくれた。父も少し感激しているようすだった。しかし、わたしがまた、塾に通いだすと父は早く次に働く工場について調べるよう催促した。就職でぐずぐずしていると父は未明の午前三時にわたしを起こし、ごみ収集の仕事に連れ出した。上大院市場や近所を回りながら、ごみを集め、古紙や古物を選り分けなければならなかった。朝、登校する女生徒とすれ違うと顔が赤くほてった。ごみ収集の仕事から逃れるには、また工場に戻るほかなかった。

わたしは努めて毅然としたふりをして、洪代理の王国に戻った。中卒になったが、何も変わったことはなかった。大洋実業は相変わらずだった。ボクシング大会も、気合という名の暴力も……。

いちど、工場で、願いごとを受け付けたことがあった。純真な少年工員の一人が、気合の暴力やボクシングがなくなったらいい、と書いて出した。翌日、洪代理が現場を巡回しながら班長や古参の肩をトントンと叩いて通り去った。

「おい、ちゃんとやろうや」

洪代理が発したその言葉には、ぞっとする響きがあった。工員らが出す願いごとには工場を称える言葉だけが書かれていなければならなかった。空気を読めない、その民主的な意見の提出はいま、まさに惨事を引き起こそうとしていた。

洪代理が去ると、暴行が始まった。作業がうまくできていない、服装が正しくない、掃除がなっていない――。古参と班長らは、ありとあらゆる理由をつけて棒を振り回した。津波のような暴行行事が一通り終わった後、洪代理がまた、登場してきた。彼は優雅な態度で、何も知らないかのように工場を見て回った。その顔には満足気な表情が浮かんでいた。彼は指一本動かさずに暴力をけしかけ、行使する人間だった。

殴られまくった少年らは「どいつが、そんなくだらないことを書きやがったんだ」と互いを疑いながら睨み合っていた。わたしは心に決めた。洪代理のように高卒になり、自ら手を下さずに君臨する人間になろう、と……。憤りと悔しさはわたしのなかでそのような地獄もつくりだしていた。

工場で殴られるという話は家ではしたことがなかった。のちに、殴られて肋骨にひびが入ったこともある。そのときは治療費のために仕方なく家で話した。兄のジェヨンはこんなことを言っている。

「在明が工場でそんなふうに殴られているとは、その時までまったく知りませんでした。わたしは弟よりも先に工場で働き始めていましたが、年をとっていたのでそんなふうに殴られたりはしませんでした。在明は家では一度も言わないものだから、まったく分からなかったのです」

洪代理になろうという決心とは違って、わたしはだんだんと直接殴る班長や古参より、それを容認し、そそのかす上の幹部の偽善がもっと悪いのだということに気が付いた。社長や工場長、いや、洪代理でも、決心さえすれば暴力はなくなるはずだった。しかし、そんなことは起こらなかった。

彼らは暴力によって維持される秩序の最大の受益者だった。

彼らには裏と表があり、言うことと為すことは違っていた。表向きは工員を殴ってはいけないと言いながら、裏ではもっと殴りつけるよう、あおっていた。彼らは上品な偽善者たちだった。弱者であるほど苛酷に当たり、少年工員を人間扱いしなかった。あまりにもひどすぎた。

結局、わたしの目標はだんだんと修正されていった。「洪代理になる」のではなく、「洪代理のいない世の中」であらねばならないのだった。

第三章

詩を覚える二人の少年工員

大洋《テヤン》実業が廃業した。新しい職場を探し、見知らぬ工場をのぞいてみなければならなかった。工員たちをいじめた洪代理や班長らも肩を落として工場を去っていった。

こんどこそ、ちゃんとした工場に入ろうと決めていたおかげだろうか。従業員が二千人を超すオリエント時計の工場に入ることになった。城南《ソンナム》工業団地でも三本の指に入る工場だった。そこでは予想外の幸運が待っていた。高校入学検定試験の塾にいっしょに通っていた友人の沈《シム》ジョンウン君と出会ったのである。言葉で言い表せないほどうれしかった。

その日から、わたしたちは大の仲良しになり、何をするのもいっしょだった。冷めていた勉強への意欲もまた、わいてきた。高卒になっても工場の管理職になれないと気付いたわたしたちは、一生懸命に勉強して大学に行こうと誓い合った。そして、こんなうんざりするような工場から抜け出そうと……。ずっと遠くできらめく星のような、遥かな夢だったが、ジョンウン君といっしょなら、実現できそうに思えた。

わたしたちはいっしょに塾に入る手続きをとった。しかし、勉強しようという少年工員に薄情なのはオリエントも同じことだった。休み時間に工場で本を開いていると、班長はもちろん、同僚らも露骨に嫌がり、いじわるをした。

「どうせ下っ端の工員なんだから分相応に遊ぼうや。夢から覚めろっていうんだ、この野郎！」

彼らは、わたしが工場暮らしの人生を否定しているように感じたのかもしれない。身の程も知らずに、こちら側でなく、あちら側の世界を望む者にたいする嫉妬のようなものであったのだろう。しかし、夢を見ることが罪になってはならなかった。わたしは、しきりと不意打ちをくらわす彼らを避け、独りで作業をするメッキ室に移った。そこでは、できるだけ作業量を早く終わらせ、勉強する時間を稼いだ。わたしは作業スピードが最高だったし、不良品率も低かった。

人生においてわたしに授けられた優遇措置があったとすれば、それは唯一、勉強に向いた頭を譲り受けたということだ。工場に通いながら三カ月で中学課程の検定試験にパスしたのもそうだ。もちろん、死ぬほど努力したのも事実だった。

兄のジェヨンは、わたしが小学生の時にヒヨコを育てるのを見て、そんな特徴に気が付いていたようだ。わたしは気温によってヒヨコ小屋で焚く薪《まき》の数を決め、餌をどれだけ与えたか、一羽一羽について状態はどうかということを昼夜観察し、記録もした。

兄は、こう言っている。

「ヒヨコを買ってやると完璧な育て方をしていました。在明《ジェミョン》は何でも早くやってしまうので、何かズルをやらかしているようにも思えたが、決してそういうことはなかった。何につけてもやるときは徹底的に準備し、抜け目なくやるのです。同じ失敗は繰り返さず、正しくないことや、だめだと思うことは、初めからやらない性格です。わたしはきょうだいたちといっしょに二十年間、同じ一つの部屋で暮らしていたのでよく分かります」

工場からの帰り道、ジョンウン君とわたしは勉強がてらに教科書に載った詩を諳《そら》んじたりもした。

――死ぬ日まで空を仰ぎ　一点の恥辱《はじ》なきことを、……（尹東柱《ユンドンジュ》「序詩」伊吹郷訳）

詩人尹東柱のその告白は、澄んでいて清らかだった。

ジョンウン君とわたしは工場に通いながらも、大学入学を夢見ることができた。努力をすれば、より良い人生を生きられるという信念を持てる時代だった。

ソンイル学院のキムチャング院長

工場のサービス残業で塾に行けないときは、ジョンウン君とわたしの気持ちはいらついた。結局、工場を早退して塾に行かなければならなかった。働きながら勉強するのも大変だったが、それよりもわたしをたびたび絶望に陥れたのは父だった。

塾から帰って夜遅くまで勉強していると、父は電気が明るすぎると文句を言った。また、塾を休んだのだから、その分、月謝をまけさせろと怒鳴ったこともある。父は電気代と塾代をとてもケチった。そんなときは悲しく恨めしくて、目がうるんだりもした。

そんな父が学費を出して大学に行かせてくれるはずがなかった。また、検定試験で高卒になったとしても洪《ホン》代理のようにはなれなかっただろう。父にはもう、塾代をだしてくれとは言いたくなかった。疲れ果てたわたしは結局、二カ月間通った塾をやめようと決心した。

塾をやめると言うと、塾の院長はわたしを呼んで理由を聞いた。ソンイル学院のキムチャング院長だった。

「お金がありません」

院長は黙ってわたしを見つめていた。

「そうか？　それならお金を出さなくていいから、そのままここで勉強しろ」

「どうしてですか？」

「お前、勉強したいんじゃないのか」

わたしは、ゆっくりと首を縦にふった。

「なら、勉強しないと」

勉強したいのなら勉強しろ、という。単純な論理だった。キムチャング院長はこうも付け加えた。

「在明君、お前は勉強しないといけないやつだ。お前は違う」

わたしは黙って座っていて、その一言一言に耳を傾けた。真っ暗な小部屋に一筋の光が差し込むようだった。

キムチャング院長はどうしてわたしを応援するのか？　家族でも友人でもないのにわたしを信じ、応援してくれる人がいるということが不思議だった。世間から、このような好意を受けたのは初めてのことで、慣れていなかった。

ソンイル学院では、月謝を納めずに勉強する貧しい生徒が何人かいたということは後になって知った。限りなくありがたいことだった。わたしにとって勉強しなければならない理由が、このことによっていま一つ生じていた。

このあとも、悲しかったり辛かったりしたとき、キムチャング先生のことを思い浮かべると、心が安らぎ、自信も生まれた。名門大学に入れば、家庭教師をして自分で稼ぎながら学校に行けると教えてくれたのもキムチャング先生だった。のちに司法試験に合格してお訪ねしたとき、先生は涙を流しながらわたしを抱いてくださった。その涙が忘れられない。

しがない少年工員を大切にしてくださったキムチャング先生。いまも時どき、もう、この世におられない先生のことが、とても恋しく思い出される。

沈ジョンウン君と絶交

ある日、沈ジョンウン君といっしょに下宿する友人からジョンウン君がタバコを吸っていると聞いた。高校入学検定試験の塾で知り合って無二の親友になり、同じオリエント時計の工場で働きながら、いっしょに大学に行こうと約束し合っていた。そんなわたしの小さな先生のようなジョンウン君である。さらにまた、遊び上手との噂で有名な工員と付き合い、酒まで飲んでいるともいう。

ショックだった。裏切られという思い、憤り、喪失感のようなものが、ごっちゃになって押し寄せてきた。

その日、下宿の部屋でジョンウン君を待った。夜遅くに帰ってきた彼を立たせて、あらたまって聞いた。

「タバコを吸い、酒を飲んでいるというのは本当か？」

返事がなかった。認めているということだった。わたしは何も言わずに睨みつけた。

「信じていたのに……。お前とは、もう絶交だ」


工場や家でいろいろな目に遭いながらも挫けずに勉強できたのも彼がいたからだった。二人だったからこそ、できた。世界の半分を失ったような喪失感で胸が痛んだ。

酒とタバコだなんて……。貧しいからとか、工員として生きていかなければならないからといって身をもちくずす権利はなかった。だれも応援してくれないからといって、初めから諦めることなんかできないではないか。帰り道、路地の街灯までが寂しかった。


その日からわたしはジョンウン君の下宿へは行かなくなった。寂しく辛いときには訪ねて行っていた唯一の逃避の場だった。友人らが行こうといっても行かなかった。それは彼にたいする無言の圧力だった。そのときの日記にはこう書いている。

――それはジョンウンにたいする蔑視、いや、わたしの意地をみせてやろうというものだ。

ある作家は、愛は無条件に与えるものではない、と言っている。「愛は分別をもって与えるものであり、また、分別なく与えるものだ。相手を安らかにしてあげると同時に、分別をもって論争し、たたかい、対抗し、追い詰め、押したり引いたりするものだ」と。

ジョンウン君に対するわたしの思いが深いものでなかったら、そのくらいのことはどうってこともない、と大目に見てやっていたかもしれない。しかし、わたしにとっては、いっしょに夢を見、いっしょに努力してきた彼が、このうえなく大事だった。絶交はわたしの愛の表現の仕方だった。酒やタバコは体によくない。わたしには、彼を元通りの明るく誠実な人間にもどしてやる義務があった。

結論から言うと、わたしの目的は達成された。ジョンウン君は再び勉強に戻り、わたしたちは映画の主人公のように、それぞれ中央《チュンアン》大学の法学部と工学部にそろって合格した。大学に入ってからの最初の旅行もいっしょだった。

ジョンウン君はその当時のわたしについて、こう言っている。

「在明君はわたしが酒を飲み、タバコを吸うのをとても深刻に受け止めていました。実際、少年工員らは普通、酒やタバコなど、たいしたことではないと考えていましたからね。小さいころから工場に通い、早いうちから先輩たちに習う。ところが、在明君は、わたしに酒やタバコをやめさせようと大変な努力でした。そんなことで、どうやって勉強し、大学に行けるのか、と」

彼はここで、余分なことまで言っている。

「それなのにあいつは、大学に入ってからは、わたしよりももっと酒とタバコをやっていました。裏切られたという思いです（笑）」と。

独り、痛みに苦しんだ日々

がむしゃらに勉強しようとの一心で、メッキ室からラッカー室に移った。ラッカー室は二重に密閉されたエリアだったので邪魔は減った。わたしは超スピードで作業を済ませ、余った時間を勉強にあてた。その時間がわたしにとって唯一の逃避の場だった。

しかし、体の具合がしょっちゅうおかしくなった。頭痛が多くなり、鼻がただれ始めた。ラッカー室は有害物質が外に排出されず、化学工業薬品の臭いがきつかった。結局、わたしはそこで嗅覚の半分以上を失った。大好きだったモモの匂いもかげなくなった。

プレス機に叩きつけられた手首の痛みもひどくなっていた。一年のうちに背が十五センチも伸びたが、手首の二本の骨のうち成長板が破損した外側の骨が成長できずにいた。腕は目で見てわかるほど曲がってきて、夜通し、痛みでうなることも多くなった。

体までが痛くなり、このままでは試験がだめになると思い、工場を辞めようとした。しかし工場側は、不良品率の低い熟練工をおいそれと辞めさせてはくれなかった。結局、試験の一カ月前になってやっと辞めることができた。

四月に大学入学検定試験を受けた。結果発表は一カ月後だった。大学入試まで残り七カ月しかなかった。七カ月間の勉強で大学に受からなければならなかった。気が急《せ》いた。早く大学受験の予備校に通いたかったが、父は試験の結果を見てからにしろ、と言うのだった。

働く工場も調べたが、いいところはなかった。手首の治療を受けようと医療保険のある工場も探してみたが、そのようなところはなかった。

家でぐずぐずしていると父は夜明け前の三時にわたしを起こし、いっしょにごみ収集の仕事を手伝わせた。朝方までリヤカーを押しながらごみを集め、午後は空き瓶や空き缶を選り分けて廃品回収業者に売りに行かなければならなかった。

大学入学検定試験の発表があった。合格だった。わたしには誇らしく満足のいく結果だったが、父は予備校に通わなくてもいい夜間の短大に行けと言うのだった。ちゃんとした大学に入って工場通いの生活から抜け出そうとするもがきは、父の目にはとんでもない挑戦に見えたようだ。その日の日記はこう記している。

——父に予備校に通わせてほしいと頼んでも、そんなことをすると工場に行かなくなる、と言って許してもらえない。気が狂いそうだ。わけもなく拳で壁を叩いてみたり、頭をぶっつけたりした。生きることが面倒くさくなる。一九八〇年五月十六日

父は、自分の役目はがむしゃらにお金を稼いでちゃんとした家一軒を持つことだと考えていたようだ。結局のところ、家族のためというわけだった。朝から晩まで働く、そんな父のことが理解できないわけではなかった。しかし当時のわたしには、息子を応援してくれる心強い味方が必要だった。切実だった。

父がごみを満載したリヤカーを引いているとき、後ろから押しているのはわたしだった。しかし、父にはわたしのことが目に入らないようで、前方だけを見て、辛そうに足を運んでいた。

「闘鶏」と「おとなしい子」

わたしは、うまくいくと確信していた。だから、何であれ、挑戦できないことはなかった。必ず、ちゃんとした大学に入ってみせるという思いで、予備校に行かせてほしいと父を説得した。

わたしの意気込みがいつもと違うと思ったのか、父は、その月のうちにまた、就職するという条件付きで予備校に行くことを許してくれた。しかし、予備校に通うあいだも毎日、明け方に起きてごみ収集の仕事をしなければならなかった。

就職でぐずぐずしていると、父は新しい提案をしてきた。父のごみ収集の仕事を朝から晩までいっしょにやったらどうか、というのだった。一日中ずっとごみ収集だって？

わたしはぎくっとし、足元に火が付いたように急いで働き口を調べてみた。当時の日記にはこう書いている。

——予備校から帰ってちょっと勉強しようとしていると、父がごみ収集に出かけようという。イラっときた。靴を放り投げた。父はそれを見て、しばらくわたしを睨みつけた。　一九八〇年五月二十九日

不当なことをされると、わたしの闘争心は強くなる。父のプレッシャーが、わたしをより激高させたのかもしれない。兄のジェヨンは、わたしについてこんなことを言っている。

「在明は、簡単にはへこまない子でした。幼いころから、きょうだいのなかで父に口答えをするのは在明だけでした。わたしたちは、父の言うことには無条件で従ったものですが、在明は言いたいことは言っていました。ですから、叩かれたりもしたけど、自分が正しいと思えば、叩かれても最後まで引き下がりませんでした」

わたしは不当なことを我慢する性格ではない。とはいえ、兄のジェヨンは同じインタビューでこうも言っている。

「在明はめったとひるんだりしない、強情な子だったけど、いつも明るく、周りからいちばん愛されて育ちました。幼いころ『おとなしい子』といわれていたんです」

いずれも、わたしについての話である。叩かれても強情っぱりを曲げないのもわたしだったし、「おとなしい子」と言われていたのもわたしである。人生、いろいろと混ざり合って複雑なものである。

父に対するわたしの感情も両面があった。雨の降るある未明、父といっしょにごみ収集をしていると、やがて仕事が続けられないほどに雨脚が強くなった。わたしたちは市場の軒下にしゃがんで座った。雨が上がるのを待ちながら、うつらうつらするわたしを見て父は、商品陳列台の上で横になってしばらく休むようにと言った。

明け方、だれかがわたしを起こした。母だった。びっしょり濡れた作業着を着たまま、ぶるぶる震えながら寝ているわたしを見て、母は何も言わずに涙を流した。父はその時、うっすらと白む明け方の雨のなかを、独りでごみ収集をしていた。

「在明を連れて帰るから」

母はそう叫んだ。父はゆっくり振り向くと、「帰れ」と手で合図した。父のそのときの姿がふいっと目に浮かび、胸に刺さる。

思い出すと辛いことだらけだ。

しかし、それでも父。だから、父だった。

第四章

遺書を書く

手首の痛みで夜通し、うんうんうなる日が多くなった。しかし治療を受ける道はほど遠く、ごみ収集の仕事に終わりはなかった。朝方までごみ収集の仕事をして帰ると、わたしはまるで濡れた段ボール箱のようにぐったりとなって寝入った。

ある日、寝耳に父と母が話し合う声が聞こえた。

「在明《ジェミョン》があんな具合で、障がいが残ったらどうしましょう」

「金を儲けて手術をしたらいいんだから」

「家を買うために貯めてきたお金で、まず手術をさせてやるほうがいいでは……」

そんな母の言葉に眠気が覚めた。

父は言った。

「あの金には、だれも手を付けてはならない」

父と母の会話は頭の中で何度も再生された。思春期真っただ中の十七歳だった。貧しさに出口は見えず、片腕が使えなくなっても生きていけるかどうか、自信がなかった。あらゆる絶望がわたしをのみ込んでいった。涙で枕が濡れた。

とうとう、すべてを諦めることにした。大学入試も、腕の治療も、みな無駄なことのように思えた。一生懸命に生きて学生服もいちどは着てみて、成功した姿を見せてもやりたかったが、届かぬ夢のように思えた。母に、いくらばかりかのお金をねだった。睡眠薬と練炭を買わなければならなかった。おかしいと思ったのだろうか？　母はお金をくれながら、口癖のようにいってきた言葉をここでもまた、繰り返した。

「在明や、心を強く持たんと……。お前は大物になると言われたんやろ」

母の言葉が痛く胸を刺した。

屋根裏部屋で練炭の火を起こし、睡眠薬を飲んだ。眠気はなかなか来なかった。この世との永遠の別れだった。悲しくもあったが、肩の荷が降りるようでもあった。

どれくらい経っただろうか？　わたしはまた、何ごともなかったかのように目を覚ました。練炭の火は消えており、頭もしっかりしていた。工場の友人らはそのくらいで死ねると言っていたのに……。睡眠薬が足りなかったようだった。またの機会をみることにした。

そのころ、オリエント時計の工場で工員を募集していた。父が願書を出せと言った。どうせ死ぬことにしたのだから断ることもなかった。採用されないのではないかと心配した父は、賄賂を使おうとしたのか、オリエントの守衛長に三千ウォンを渡した。もったいないと思ったが、だからといって父に、明日死んでしまうのだからとは言えなかった。

再び、薬局に寄った。また、睡眠薬がほしいと言えば、疑われそうだったので、こんどは弟が使うのだと言って二十錠を買った。薬剤師はいろいろと説教をしていたが、わたしの耳には入らなかった。

遺書を書いた。母には申し訳なかった。しかし、ほかに道はないように思えた。とても疲れ果てたと言いたかった。涙で文字がよく見えなかった。

また、練炭の火を起こし、睡眠薬を飲み込んだ。

薬剤師の説教

睡眠薬を二十錠も飲んだというのに、頭はすっきりしていた。何か問題でもあるのだろうか？　二度もこんなようなので、おかしいと思った。

突然、屋根裏部屋のドアが開けられた。義理の兄だった。練炭の火を見て、すぐに状況を察したようだった。

「在明、今日はオリエントの面接の日なのに、どうしてそんなふうに横になってるんだ？」

義理の兄は、部屋に練炭ガスが充満しているのに気づいていないかのように振舞った。そして、工場までついて来ながら当たり障りのない冗談を言った。

工場に着いてみると、面接の時間がとっくに過ぎていたのに、守衛長が事務室に入れてくれた。父が渡した三千ウォンが効いているようだった。躊躇していると、義理の兄がいきなり、わたしの曲がった腕をなでるのだった。

「ワシが腕を治してやるから……。心配するなよ」

姉の一家はわが家よりも、もっと貧しかった。露店で果物を売る義理の兄に、そんなお金はなかった。それなのにそう言ってくれる兄が、涙が出るほどありがたかった。そのころのわたしは、どうかするとすぐに涙が出た。

結局、オリエントに採用が決まった。それは大学進学の完全な放棄を意味した。二度と振り向きたくもなかったオリエントに、わたしは頭を下げてまた戻ることになった。人生はそう簡単なものではなかった。

睡眠薬を飲んだのに、なぜ眠れなかったのか？　わたしは間もなく、薬剤師に騙されていたことに気がついた。そうでなければ、二十錠も飲んだというのに、何ごともなかったかのように面接に行けるはずがなかった。まだ小さな子どもが睡眠薬をくれと言うものだから、状況を察した薬剤師は消化剤のようなものをたくさん出したのだった。

まちの小さな薬局の、あの薬剤師のことを思ってみる。あの時、いろいろ言い聞かせてくれていたが、もしかして、こういうことを言いたかったのかもしれない。

「ボクよ。悲しく悔しく、先が真っ暗で、死ぬほど辛くても、人生、耐えることだ。生きていれば、その時、死にたかった気持ちも、後には笑いとばせるような穏やかで、いい日も来るものなんだ。だからがんばれよ」

結局、わたしたちを生かしてくれるのは、お互いに対する、ちょっとしたようにも思える関心と連帯なのかもしれない。

薬剤師は初対面のわたしに対して、知らんふりをしなかった。この世の悲しみを一身に背負込んだような表情で生を終えようとしている少年を見て、他人のようには接しなかった。腕を治してくれると言っていた貧しい義理の兄の言葉も、まごころからのものだったと思う。

だれも、一時的な感情で自ら死を選んだりはしない。

極端な選択をする人がただの一人もいない世の中をつくるのは不可能なことではないと思う。人生、崖っぷちに立たされたとき、だれかに寄りかかることができる頼もしい社会であってほしいものである。

どうして道を逸れなかったのか

よく聞かれることがある。不思議だというのである。貧しく、小学校卒業後すぐに工場で働き、しょっちゅう殴られ、腕を痛め、嗅覚も失い、さらには勉強をさせないようにした父親までいたというのに、どうしてぐれたりしなかったのか、と。

多くの少年工員たちがそうであったのと違って、わたしは酒もタバコもやらなかった。工場の会食でも酒は飲まなかった。家出をしたこともないし、非行に走ったこともない。給料をもらうと、こっそりつまみ食いしたこともほとんどなく、そっくり父に渡していた。

どうしてわき道に逸れなかったのか、と聞かれるのは意外だ。自らにそのような問いかけをしてみたこともない。答えを探そうとすれば、川が海に流れ込むように結局のところまず、母にたどり着く。愛にあふれた母がいたから、道を逸れるようなことは初めからなかった。幼心にも、母を喜ばせてやることが最優先だった。

十五歳の時、いちど、一カ月分の給料をそっくり薬売りにやってしまったことがある。昼休みの時間、工場の庭で薬効を宣伝する薬売りにすっかり騙されてしまったのだ。万病に効くというものだから母の症状にぴったりだと思った。ここで、お金を惜しんで買いそびれたら一生後悔すると思ったのである。

そうして薬を買い、足取りも堂々と家に帰った。それが、そこまで叱られることになろうとは思ってもみなかった。一カ月分の給料をそっくり、はたいたのだから、父が怒るのももっともだった。そのまま二日間も家に入れてもらえず、わが家と裏の家の塀のすき間で寝た。

工場に通っているあいだ、そんなにお金がほしいと思わなかった。検定試験の準備をしている時、小遣いだけでは本や学用品を買えず、給料の中から何千ウォンかと、オリエントの退職金のうちのいくらかを一、二度ピンはねしただけだ。小遣いだけでは塾に行くバス代も足りなかった。勉強を諦め、再びオリエントの工場に通うようになってからは、また月給をそっくり父に渡した。勉強に使う以外、お金はわたしにとって意味がなかった。

そのころ、母がわたしに言った。その間、母がわたしから預かったお金が五万ウォンになる、というのだ。厳しい中でも小遣いを節約して母に預けていたのだった。

五万ウォンは、一カ月分の給料に相当する大金だった。悩んだ。平素からカメラが欲しかった。瞬間を撮って長く記憶に残せる魔法のような道具――。

大学を諦めたので、出世して母を楽にさせてやろうという決心も水の泡になっていた。金の指輪をプレゼントしようと思いついた。もちろん、カメラを諦めるというのは惜しかった。日記にはその時の煩悶がそのまま記録されている。

――お金がもったいないというのか？　この泥棒野郎！　恩知らずめが！　一九八〇年八月三十日

結局、母の指に細い金の指輪をはめてあげた。母は初め、とんでもないことにお金を使う、と怒っていたが、ある日、こう言った。

「在明や、わたしはこの指輪をしていると、この世に羨ましいとか、怖いとか思うようなことは何もないよ」

母は、悲しかったり辛かったりしたようなときには、その指輪をなでていた。そんな母を見るたび、胸にジーンときた。お金は、どのように使うのが最も価値あるものになるのか、ということが分かったように思えた。

どうしてぐれたりしなかったのか、という問いになんと答えるべきなのか。分からない。逸脱することさえもが贅沢だった、と言おうか……。

だれにも、生きていくのがあまりにも辛く、しばし横道に逸れたりすることはあり得る。しかし、そんなことがあったとしても大きく道を踏み外さないでいてほしい。どこかできっと、あなたが戻ってくるのを待っている人がいるのだから。

大学の道が開かれる

勉強で迷子になったわたしは平凡な工員に戻った。工場で本を読むこともなかった。家に帰ってテレビを見ながらだらだらしていると、一杯ひっかけてきた兄のジェヨンがふいっと、こんな一言を投げかけてきた。

「ワシみたいに下っ端の工員のような者で終わりたいなら、勉強なんかすんなよ」

痛いところを突いていた。だれよりも大学に行きたかったわたしだったが、その術《すべ》がなかった。全斗煥《チョンドゥファン》（のちの大統領。当時、軍内部のクーデターで実権を握っていた）らを中心とした国家保衛非常対策委員会（国保委）は、家庭教師禁止令を出した。家庭教師で学費を稼がないと大学に行けない貧しい学生たちにとっては道が閉ざされたというわけだった。

目標もなく、ただ工場に通うわたしのことが、きょうだいたちにどう見えているのかも気になった。妹や弟は、夜になると公衆便所で働く母と交替してくれたりしていた。恥ずかしかったと思うが、文句は言わなかった。

途方に暮れたわたしは、ソンイル学院のキムチャング院長を訪ねた。大学入学検定試験の勉強をしていた時、月謝なしで通わせてくれた、あの先生である。先生は、諭すように教えてくれた。今回の大学入試改革で本試験がなくなり、四択問題の学力テスト一本になったのは、わたしのような検定試験組には絶対的に有利だというのだった。また、大学入学後の学費の問題についても、こう説明してくれた。

「もう少し待ってみろ。軍部勢力は国民の人気を得るために何か画期的な対策を発表するはずだから」

院長の言葉で、小さな希望が生まれた。わたしは、きょうだいたちを安心させるためにも、また勉強を始めることにした。大学の授業料が工面できるかどうかはともかくも、何もしないで待ってばかりもいられなかった。

そんな気持ちが通じたのかどうか。一九八一年、家庭教師禁止令にたいする怨みや不満の声が相次ぐと、国保委は対策として私立大学に特別奨学金制度を採り入れるよう指示した。勉強がよくできても家庭の事情で大学進学が困難な学生のために授業料を全額免除し、生活費まで支給するという破格の奨学金制度ができたのである。

もちろん、その一方で国保委はすべての大学の入学定員を大幅に増やした。大学の立場からすると、定員増で生じる授業料の増収分は、奨学金を相殺して余りあるものだったので「儲かる商売」だった。

わたしはすぐに予備校に入る手続きをとった。父も、工場で引き続き働くことを条件に予備校入学に同意してくれた。月給から二万ウォンだけを家に入れ、残りは予備校の費用や本代に使ってもよいという許可までもらった。

与えられた時間は残り八カ月だった。高校三年間の勉強を八カ月間で終わらせなければならず、奨学金をもらうには二六〇点はとらなければならなかった。受験生全体からいえば、上位約〇・五パーセント以内ということだった。簡単なことではなかった。

しかし、重要なのは、わたしにも道が開かれたということだ。胸が躍った。

真夜中の全力疾走

大学に入るための熾烈なたたかいが始まった。

工場から帰るとすぐに予備校に駆け込んだ。午後七時から三時間の授業を受け、往復のバスの中で英単語を覚えた。バスの中で、うとうとしてしまい、終点まで行ったことも一度や二度ではなかった。そんなときは、夜間通行禁止時間に引っかからないよう、街のレンタル自習室まで全力疾走した。

勉強部屋がなかったわたしは、レンタル自習室で夜間通行禁止が解除される明け方の四時まで勉強し、家に帰って三時間ほど仮眠した。

工場から予備校へ、予備校から自習室へ、そして家からまた、工場へ……。時間とたたかい、睡魔との戦闘の毎日だった。

先も見えないところへ泣きっ面に蜂で、工場で殴られて肋骨が折れた。痛くてたまらなかった。医師は、静かに横になりながら通院治療をすべきだと言ったが、そのような時間も金もなかった。結局、治療費が必要だったので仕方なく、兄のジェヨンに殴られていることを話した。その時まで兄をはじめ家族のだれも、わたしが工場で殴られていることを知らずにいた。

兄は工場に飛んで行って、弟を殴ったやつはただではおかない、と凄んだ。兄のおかげで謝罪はもちろん、治療費までもらった。医師も、暴行による傷害は医療保険がきかないのを事故ということにしてくれると言うのだった。ありがたかった。

肋骨が折れたまま、工場に行き、予備校に通って徹夜で勉強した。切羽詰まった思いだった。死のうとして死ねず、腕に障がいが残ったため、自分にできることは勉強しかないと思った。ここで退いたら明日を期待することは難しかった。生きるか死ぬかの問題だった。

しかし、予備校通いも二カ月経ったところで、中断を余儀なくされた。父は分かるようでよく分からない人だった。ともかく、マイホームの購入が先だ、と言って予備校に行くのに反対した。月給の一部を家に入れているのに、である。肋骨骨折も止めることができなかった予備校通いを、お金が妨害したのである。今度ばかりは、わたしも引き下がるつもりはなかった。

「これからは自分で稼いだ金は、自分の勉強のために使います」

それは宣言だった。工場通いの生活から逃れたいという宣言であり、目の前のマイホームよりも未来のために投資するという宣言だ。その方が当を得ているように思えた。そして、わたしは給料を貯め始めた。

予備校通いを再開したのは二カ月後だった。三カ月分の給料を貯めたことで、それが可能になった。

残る時間は四カ月。工場に通いながら夜間だけ勉強していては奨学金をもらえるような成績をとるのは不可能と判断した。悲壮な覚悟でオリエントを辞めた。そして夜間でなく、昼間のクラスに移った。

四カ月間、思いっきり勉強した。友人の沈《シム》ジョンウン君も心を入れ替え、いっしょに勉強した。わたしたちは同じ自習室で、お互い眠気を覚まし合いながら徹夜で勉強した。レンタル自習室まで全力疾走して行った、あのころの夜のことを思い出す。走って行くべきところがあって、よかった。

少年工員、大学生になる

自習室では夏は蚊《か》とたたかい、秋は寒さでぶるぶる震えながら勉強した。毛布があると、知らず知らずのうちについ被って眠ってしまうので、毛布は家に持ち帰っていた。机の上にボールペンをまっすぐに立てておき、勉強中にうつらうつらすると額に刺さるようにした。さらには、胸の当たる場所に画鋲をくっつけて置いたりもした。よく刺された。最初のうちはハッとして眠気が覚めたが、しまいには刺さったまま眠っていたりもした。おかげで参考書のあちこちに血の跡が残った。まさに血闘だった。

いっしょに勉強していた沈ジョンウン君はこう言っている。

「在明君は一度やると決めれば、何がなんでもやりとおす頑固な子でした。とにかく、集中力と根気はだれにも負けませんでしたね」

予備校では昼と夜、アルミ箱の冷えた弁当を食べていたが、のちにそれを一食だけにした。腹がふくれると眠くなったからだ。

そんなわたしをかわいそうに思い、母はご飯をぎゅっと詰め込んだ弁当を作ってくれた。そのころは、母が出してくれた交通費で予備校に通い、母が作ってくれた弁当を食べながら勉強した。幸せだった。あれだけ思い残すところなく勉強したのは初めてだった。

とうとう大学入試の一九八一年十一月二十四日になった。入試準備を始めたころ、わたしの全国模擬試験の成績は上から三十万番にも入らなかった。そこから始めて八カ月後、最後の模擬試験では二千番内に入る成績だった。奨学金をもらうには、最上位圏に入らなければならなかった。

結果が発表された。難易度が高いと騒いでいた全国テストだったが、最上位圏の二八五点だった。奨学金の支給対象圏内に入った。成功だった。それぐらいの成績なら、韓国で入れない大学はなかった。

どこに志願したらいいものか？

わたしにとっての絶対的な基準は、奨学金で学費を賄えるということだった。中央《チュンアン》大学の特別奨学生A級は、三学年までの授業料が免除されるうえに毎月二十万ウォンの特待奨学金をもらうことができた。学部の選択は入試成績で「足切り」が行われ、最も高い点数が求められていたのは医学部と法学部だった。医学部は追加費用を出さなければならず、初めから対象外だった。

こうして中央大学法学部の学生になった。特待奨学金の二十万ウォンは、わたしが工場でもらっていた月給の三倍に相当した。

わたしにとっては夢のようなことだった。誇らしかった。

入学式の半月ほど前に学生服をあつらえ、帽子も買った。学生服を着ることが田舎臭いのだということは、知らなかった。何はともあれ、いちどは学生服を着てみたいというのが夢だったのである。のちに、城南《ソムナム》市長時代に取り組んだ学校の制服無償化政策は、そんな経験からきたものだった。

入学式の日、母と撮った写真が残っている。薄めの杏《あんず》色の韓服を着こなした母と学生服姿のわたしが、中央大学の校庭をバックに、並んで立って微笑んでいる。母はその日、こう言った。

「在明や、わたしはもう死んでも悔いはないよ。お前はきっと大物になる、と言っていただろ」

わたしたちは暗く、長いトンネルを抜け出、まぶしい春の日差しのもとに立っていた。新しいスタートだった。

第五章

弱者の力になろう

ある日、父はわたしがもらうことになる特待奨学金のことを持ち出した。兄のジェソンの大学受験予備校の月謝は父が出すので、月二十万ウォンの特待奨学金を父に預けろ、というのだった。

この間、兄のジェソンはわたしといっしょに大学入学検定試験を受けていた。重機建設整備士の資格を取って釜山近くの原子力発電所建設現場で働きながら検定試験を受けたのだった。

兄は、勉強するうえで、わたし以上に厳しい状況にあった。そのときの受験では、試験の二日前に家に来て、ご飯を食べながら勉強したりしていた。二項定理や放物線について教えてやったのもわたしだった。兄は、わたしと同じように予備校に通って大学入試の準備をしようとしていた。

特待奨学金を預けろ、という父のとんでもない話にわたしは思わずのけぞった。

「嫌です。家でどうやって勉強をし、学校に通うというのですか？　奨学金を使ってソウルで部屋を借り、ジェソン兄さんといっしょに勉強するつもりです。兄さんの学費も僕が出します」

わたしは、兄が八カ月間、お金の心配もなく安心して勉強できるよう、しっかりとサポートしようと考えていたところだった。マイホームを買うことで頭がいっぱいの父のことを考えれば、兄の予備校の費用も十分なだけ出してやるようには思えなかった。

わたしが大学入試を控えた最後の段階でオリエントの工場に通い、三カ月分の給料を貯めて予備校の費用に充てたように、わたしが大学からもらう奨学金を兄の未来に投資しようと考えていた。兄も勉強すれば、きっとうまくいくという確信がわたしにはあった。

わたしがそのように粘って主張を押し通すと、父も特待奨学金のことはそれ以上言わなくなった。

特待奨学生として法学部に入ったという噂を聞きつけた親戚や近所の人たちは、わたしがまるで判事か検事にでもなったかのように受け止めた。にわかに、司法試験を受けて当然だというふうになっていった。法学部に入ると司法試験を受けるのが一般的なのだということは大学に合格するまで知らなかった。

これから、どうしたらいいものか？

殴られる労働者として生きるのが嫌で始めた勉強だった。もう、そのようなことはないだろう。しかし、工場にまだそのままでいる子たちのことが思い浮かんだ。わたしに最初に流行歌を教えてくれた、わたしより幼かった、あの工員のことも……。いっしょに真夜中まで仕事をし、工場の床の上で流行歌を口ずさむ時、わたしたちは友だち同士だった。ふと、そんな辛い日々を送らなければならない人たちがいないような世の中になったら、と思ってみた。

入学式を控えた八二年二月のある晩、わたしは日記にこう書いた。

――どうせ、始めたことだ。司法試験に合格して弁護士になってやろう。そして、弱い人を助けよう。暗い陽の当たらない場所で苦労する人たちのための光になりたい。

弱者の力になってやろうという決心は、漠然としてはいたが、心にしっくりときた。

バイブルを「ビブル」と読む大学生

大学は不思議なところだった。一日に授業が一コマか二コマしかなかった。大学に入るまでは、いつも時間が足りなくて焦る気持ちで勉強していたのに、時間があり余るようになった。

代わって新たな伏兵が現れた。漢字だった。法学、経済学、行政学の専門書は漢字だらけだった。検定試験と、たった八カ月間の入試準備で大学に入った者には、漢字を勉強する機会がなかった。

漢字辞典を繰りながらうんうんうなっていると、父が助けてやろうと言ってきた。それまでなかった珍風景だった。父が知らない漢字はなかった。他人みたいだった。そんな父を見ていると、どこか切なくなってきた。

以後、わたしは辞書をまるごと引きちぎって食べてしまうようなつもりで漢字を勉強した。

伏兵は、ほかにもあった。教練の授業で課せられた銃剣術や制式訓練だった。高校の三年間、教練の授業を受けていた同期生について行けなかった。制式訓練をするたびに足の運びを間違えた。そんなわたしのことを同期生の李《イ》ヨンジン君はこう振り返っている。

「初め、どうしてそんなにも教練が下手なのか分からなかったが、検定出身だというんですよ。在明君は、学校に行っていたら当然習っていたはずのことが分からなかった。それでいて、教練がいちばん下手なくせに、いつも一人だけ教練服姿でした（笑）（教練服は安上がりで、経済的に余裕のない学生が普段着代わりに着ることも多かった）」

学校に行っていた者たちと違う点は、ほかにもあった。のちに司法試験の一次試験で課された英会話の試験を受けて気づいたのだが、わたしの英語には深刻な問題があった。つまり、文法はよくできたのだが、驚くべきことに、だれもわたしの英語の発音を聞き取れなかったのだ。

わたしにとってバイブル（聖書）は「ビブル」であり、アイアン（鉄）は「アイロン」だった。国名はアイルランドであり、島を意味する単語は「イスランド」だと思っていた。英語を直接聞いたことがなかったために生じた惨事だった。バスとトイレの中で独学した英語の結末——。矯正が必要だった。

合コンもしたし、ディスコにも行ってみた。だいたいが、つまらなかった。教練服にゴム靴のむさくるしい男に関心を示す女子学生はいるはずもなかった。それに、わたしは二十歳未満の大学生の七十パーセントがキスの経験があるという統計を見て大きなショックを受けたほどだった。わたしにとって異性は、遠い異国のような存在だった。

特待奨学金を使ってソウルで部屋を借り、兄といっしょに勉強したいというわたしの思いは、実現しなかった。父は、最後まで許してくれなかった。その代わり、父との間で「紳士協定」を結んだ。

「奨学金はいったん父が保管し、後で支給してもらう」というやり方を、「最初に支給してもらい、そのあとで父に預ける」というふうに変えたのである。つまり、奨学金をもらうとまず、兄の予備校にかかる費用や、兄とわたしの本代、小遣いなどを確保し、残りを父に預けることにしたのだった。父もそこまでは認めてくれた。

結局、夢にまで見たソウルでの勉強部屋確保は、諦めるしかなかった。一方で、次に引っ越すときはマイホームを購入して……と言っていた父の計画もうまくいかず、わたしたちはまた、一間しかない地下の部屋に戻ってしまった。一百万ウォンのチョンセ（先払いの保証金だけで不動産を借りることができる韓国独特のシステム）で借りていた家があまりにも粗末で、冬を越すことができなかったからだ。

地下の一間の部屋で暮らしていたある日の夜なか、家族六人全員が眠りについた部屋で、わたしは法学概論をめくっていた。ページをめくるたびに、家族の寝息がそこに絡まってくるようだった。わたしは日記を書きながら祈った。

――いまはもう、午前二時半をすぎている。母、父、兄、兄、妹、弟の寝息が聞こえる。みな、ぐっすり寝込んでいるようだ。このように一間の部屋で苦労しながら暮らしているが、温かな情さえあればいいのではなかろうか。このようだから、わたしたちにはきょうだい愛があるのだと思う。たとえ、父とは背を向け合っているようであったとしても、だ。どうぞ、わたしたちの家庭にも永遠のしあわせが訪れますように……。

一九八二年三月三十一日

広峙嶺《クァンチリョン》、寒溪嶺《ハンゲリョン》、小青峰《ソチョンボン》、飛仙台《ピソンデ》

大学最初の学期は、いい加減に過ごした日々への後悔と、明日からは勉強一本に打ち込むぞ、という決心が交錯するうちに終わった。七人家族でごちゃごちゃした一間の部屋では、勉強に集中できなかった。また、同期より一歳若く入学したわたしは三学年にならないと司法試験を受けられないということもあった。卒業定員制に関係する成績も二学年以降のものが対象だった。ふと、これは「一年生の時は遊んでよい」ということではないか、と合理化してみたりもしていた。

結局、夏休みを迎え、旅行というものをしてみようと決めた。修学旅行を除くと、わたしの人生でそれまで、ただの一度も旅行をする機会がなかった。友人の沈《シム》ジョンウン君を誘ってみると喜んで乗ってきた。わたしたちは教養科目の教科書を二人で一冊だけ買って回し読みし、本代を浮かした。そうして貯めたお金を全額はたいて江原道《カンウォンド》に行くことにした。一万四千ウォンで釣りざおやリュック、安物のバスケットシューズ、帽子を買った。前夜からわくわくして寝そびれたまま、京春《キョンチュン》線（ソウル－江原道・春川《チュンチョン》間の鉄道）に乗った。春川にあるジョンウン君の本家で一晩お世話になり、昭陽江《ソヤンガン》で楊口《ヤング》行きの船に乗った。青い湖水を切って走る船のへさきに立つと、とても気持ちがよかった。大学生とはこういうことなのかという思いだった。もちろん、映画『タイタニック』のレオのように「I'm the king of the world!」とは叫ばなかった。同じ船に自転車で乗り込んでいた一人の学生と出会った。意外なことに、彼も中央《チュンアン》大学工学部の一年生だった。自転車で済州《チェジュ》島まで行くのだと言う。わたしたちはたちまち意気投合し、いっしょに旅行することになった。

　楊口から麟蹄《インジェ》まで行くことにした。広峙嶺を越えなければならなかったが、麓に着いた時はすでに午後六時を過ぎていた。軍人たちは、歩いて越えるには遅すぎると制止したが、三人の青春を止めることはできなかった。

　頂上に着いた時は、夜の十時を過ぎていた。通ってきた道は月の光で遠くにかすみ、行く道は上方から夜霧が立ち込めて来ていた。こうして夜を徹して広峙嶺を越え、さらに外雪岳《ウェソラク》、寒渓嶺、小青峰、飛仙台へと旅は続いた。途中、安物のバスケットシューズのおかげで水ぶくれができ、小青峰と飛仙台は裸足で登った。

旅は、人生にあって最もすばらしい学校だ。上り坂を登ると下り坂が待っており、下り坂を下るとまた、上り坂があるということを教えてくれる。

峠を越えると新しい世界――つまり、もしかして、そこに頂上が開けているかもしれないという希望によってまた、足を運ぶことになるのである。

希望は、わたしたちを忍耐強くする。それは費用を求めず、万人にとって公平だ。

夜を徹して広峙嶺を越えるとき、山が雲に覆われないですべての谷が見えていたとしたら、あるいは、あえてそこに挑もうとする勇気は湧かなかったかもしれない。

ある人はわたしのことを「恐れ知らず」といっているが、正しくない。

恐れを知らないのではなく、旅を通して、あることを学んだだけなのだ。

つまり、下りがあれば必ず上りがあり、また、谷が深いからこそ山も高い――ということなのである。

李ヨンジン君との約束

ある日のことだった。同じ科の友人、李ヨンジン君がちょっと会いたいという。当時の政治情勢について何度か腹を割って話し合っていた友人だった。最も対立した論点は「光州《クァンジュ》」についてだった。一九八〇年に起きた事態をめぐり、ヨンジン君は「光州虐殺」だと言い、わたしは「光州暴動」と言った。「光州暴動」というのはマスメディアの報道そのままの言い方だった。

そのころ、大学のキャンパスでは、しょっちゅうデモがあった。学生たちは校舎のバルコニーの手すりにぶら下がったり、あるいは何人かでスクラムを組んだりして、こう叫んだ。

「光州虐殺の元凶・全斗煥《チョンドゥファン》を処断し、軍部独裁を打倒しよう！」

デモをしていた学生らはすぐに私服の刑事に捕まり、引っ張られていった。新入生のわたしは、彼らのような学生が、メディアで言うところの「意識化された不純な学生」なのだろうか、と思うだけだった。

わたしを呼んだヨンジン君は、サークル部屋で、光州の虐殺現場を撮ったビデオを見せてくれた。そこには軍人たちが市民らを残忍に虐殺するシーンが写っていた。衝撃的だった。普段着のままの市民たちだった。わたしの周りのどこにでもいそうな平凡な人たち。そのような市民を、武装した戒厳軍が残忍に殺していた。鳥肌が立ち、信じられなかった。暴徒は光州市民ではなく、軍部独裁政権の方だった。わたしのなかで意識の殻が砕ける音が聞こえた。

何日間か、映像が目の前にちらついていた。どうして全斗煥政権、そしてメディアに騙されていたのかと考えると、恥ずかしく、腹立たしかった。憤りが去ったあと、孤立した状態でたたかわなければならなかった光州市民たちのことを考えてみた。家族や友人、隣人たちの死を目撃しなければならなかったその悲しみに思いが至り、死を覚悟してまでも棄てられなかった勇気と信念について考えた。

心が重かった。

しばらくしてヨンジン君はわたしに、不義の政権とたたかう活動にいっしょに加わらないか、と聞いてきた。わたしはつい、反射的に聞き返した。

「おまえ、労働者の月給がいくらなのか、知ってんのか？」

デモをする学生らが「労働三権を保障しろ」というスローガンを叫ぶとき、内心、労働について何を知っているからといって「労働三権」をうんぬんするのか、と思っていたわたしだった。

意外なことに、ヨンジン君からは、まともな返事が返ってきた。分かってみると、彼も貧しい家庭の学生で、周りの友人らは工場で働いていた。わたしはまた、聞き返した。

「家庭の事情がそうだったのだとしたら、デモなんかしたらいけないんじゃないか？」

「そうは言うけど、亡くなった人だっているんだぞ……」

ヨンジン君は光州で死んだ人たちのことを言っていた。

「なあ、おまえは勉強をし、運動のようなものは裕福な家庭のやつらに任せておけばいいんじゃないのか？」

わたしはすぐに、そう言い返した。そうして、わたしたちの間に長い沈黙が流れた――。

しばらくして、わたしは返事をした。

「すまんが、いまは、むずかしい。けど、司法試験に通ったら、判事や検事にならずに弁護士になり、そのときはいっしょにやるから。これは約束だ」

弱い人たちの力になろうというのは、法学部に合格した後、日記に書きとめたわたしの決心でもあった。

ヨンジン君は、そのときのわたしの約束を信じただろうか？

わたしが弁護士を開業して一年後に合流し、いまに至るまでずっとわたしといっしょにやっている李ヨンジン君は、こう言っている。

「在明《ジェミョン》君は頭脳明晰なところへ、工場労働者の出身だという噂もあって、ずっと注目していました。あの時、彼の返事を聞き、ほんとうだろうかという気がまったくしないわけではなかったけど、信じていました。彼は約束を守らない人間は軽蔑するということを知っていましたから。やらないなら、初めから『できない』『やらない』と言う。そういう人でしたからね」

投石戦に加わる

一九八四年五月、司法試験の一次試験に合格した。初めての受験で、二十歳の春だった。大邱《テグ》で合格の知らせを聞いた。兄のジェソンといっしょに自転車で全国一周に出かけていたところだった。西海岸から南海岸を回って大邱に着いたわたしたちは、真っ黒に日焼けしていた。大邱で兄と祝杯を上げた。

その年は、父にとっても春だった。生涯の宿願だったマイホームが購入できたのだ。安心したのだろうか。父はお金の話をあまりしなくなり、よく笑うようになった。人間、こうも変わるものかと不思議な気がした。

しかし司法試験の一次試験は、始まりに過ぎなかった。二次も通らなければ、というプレッシャーがずっしりときた。二次は、一次の首席合格者であっても気を緩められない難しい試験だった。

二次試験の準備のためにソウル冠岳区《クァナク》新林洞《シルリム》の考試院《コシ》（「考試」は司法試験など国家試験のことで、その受験生らのために設けられた韓国独特のワンルームタイプの滞在施設）に入った。


大学では、しょっちゅうデモが行われていた。軍事独裁打倒と大学民主化を叫ぶデモの隊列には、友人の李ヨンジン君や朴《パク》ジョンチュ君もいた。ヨンジン君はわたしを民主化運動サークルに入ろう、と誘った友人であり、ジョンチュ君は行政学科の学生会長をしている同期生だった。

わたしは集会には参加しなかった。監獄行きを覚悟してたたかう友人たちのそばで司法試験の勉強ばかりしているわたしがスローガンを叫ぶのは、良心が許さなかった。その代わり、集会のあと機動隊員との投石戦が始まると、その時は、わたしもそこに加わった。後頭部のすぐ上で催涙弾が弾け、催涙ガスを浴びて真っ白になり、何週間か、頭皮が剥がれていることもあった。

秋たけなわの十月のある日のことだった。その日も、投石戦がおこなわれた。集会があると聞いて大学に行ったわたしは、投石戦が始まると、いっしょに石を投げた。

デモが終わってキャンパスを出、朴ジョンチュ君といっしょにマッコリを飲んだ。コップをはさんで座るジョンチュ君も特待奨学金を受ける秀才だった。前年春まで行政職の公務員試験（日本の国家公務員総合職試験に相当）の準備に必死だった彼は、学徒護国団（韓国で一九七五〜八五年、高校や大学内にあった官制の軍事組織）をなくし、総学生会（学生による自治組織）をつくるまでは勉強を後回しにすると言った。

その日、酔っ払うほどに飲み、考試院に戻った。

「夜、考試院の前にいると、だれかがすごく酔っ払って、鞄《かばん》を足でボコボコ蹴りながらやって来るんです。変なやつがいると思っていたら在明君でした。そりゃあ、ひどいものでしたよ。まだ若いというのに、勉強がどれほど辛いのかと思うと、かわいそうでした。その姿が長い間、目に焼き付いていました」

これは、その時のわたしの様子を見ていた先輩、崔《チェ》ウォンジュンさんの話だ。わたしが新林洞の考試院を三カ所も追いかけ回して、いっしょに勉強した先輩である。

先輩は、勉強がよっぽど辛くて、そうなのだろうと思ったと言うが、そんな理由からではなかった。

その時点で直ちに運動とデモに飛び込める李ヨンジン君と朴ジョンチュ君を前にして、わたしは恥ずかしかった。同期たちに借りをつくっているという思いをぬぐえなかった。弁明するとすれば、あの時も今も、わたしは大変なプラグマティストであり、リアリストだ。はるか遠くに見える大義より、工場で働く妹の苦しみのほうがもっと身近な問題だったのかもしれない。同期生らに感じる負い目をなくすには約束を守ることだった。弁護士になって弱者の側に立つという約束である。

朴ジョンチュ君と酒を飲んだ夜、心の胸焼けは焼酎以上にきつかった。

在明よ、しっかりしろ

司法試験の二次試験が近づいていた。家族、親戚、そして大学の先生たちまでが、わたしが二次試験に合格するものと信じていた。二次試験に落ちると、次の年また一次からやり直さなければならないのだが、翌年からは奨学金がなかった。さらに、司法試験に合格して弱い人の味方になると友人らと約束した手前もあり、必死の覚悟でやらなければならなかった。そんな決心が当時の日記にしばしば登場してくる。

——今から戦争だ。命がけで戦う。

——勉強とは、何も考えない雄牛のように黙々とやるものだ。

——一回落ちてみるかって？　在明よ、しっかりしろよ！

気を引き締めて勉強し、八五年七月、二次試験を受けた。うまくいったように思えた。心配だった民法も無難に書けた。

試験が終わったあと、また、自転車で全国一周の旅に出た。こんどは一人で、東海岸から下って南海岸、さらに西海岸を回った。家に帰ったのは十八日後だった。毎日休まずに走り続けた結果だった。

しばらくして合格発表があった。驚いたことに合格者名簿にわたしの名前はなかった。信じられなかった。総合点では合格ラインをはるかに超える上位圏だったが、商法が三九・六六点で、ボーダーラインの四〇点に〇・三四点足りなかった。三人の採点官のうち二人が四〇点、一人が三九点をつけたに違いなかった。

どこがダメだったのか？　直接的には、商法で問題を十分確認せずに見誤ったまま、適当に書いていたのだった。間接的には、一発で一次試験にパスしたことだ。一次を、とても良い成績でクリアできたおかげで、知らず知らずのうちに傲慢になっていた。軽率だった。不合格が信じられず、酒を飲んで泣いた。その日、本を入れていた鞄もなくしてしまった。自分から挑んだ試験に落ちるのは初めてだった。恥ずかしく、情けなかったが、そんなことより、現実的な問題に直面していた。もう一年勉強しなければならないのに、それにかかるお金をどうするか。もちろん、今考えると、この時の失敗は、わたしの人生において大いに役に立っている。もし一発で合格していたら、わたしは飛び抜けて優秀なのだと勘違いし、生意気な人間になっていたかもしれない。

落ち込んで家に籠《こも》っていると、意外にも、父が旅行にいくよう勧めた。

「どうせなら、いちど、ふるさとに行って来いや」

父は、肝心な時に、そんなふうに応援してくれた。故郷に帰り、昔の友人たちと会って楽しい時間を過ごしてみると、たしかに、少し心が落ち着いてきた。父と友人たちが、ありがたかった。

わたしは、より慎重になった。目の前の現実と将来の課題のあいだで葛藤するのではなく、うまく折り合いをつける方法も一つひとつ見つけだしていった。

正義のためにたたかう友人たちを見て、ただ自責の念にさいなまれるのではなく、集会にも参加した。そして、考試院に戻ってからは、それまでにも増して必死に勉強した。四年生の二学期になって初めて、投石戦だけでなく、デモの集会にも参加するようになっていた。

人生のどんな時期であれ、その期間が未来のための手段となってはいけないのである。わたしは自分なりのやり方でたたかい、自分なりのやり方で勉強して生きていこうと心に決めた。

それが、まともな生き方のように思えた。不合格がわたしにくれたプレゼント――。ありがたかった。わたしは成長していた。

第六章

貧しかったころの人たちを忘れない

考試院《コシ》で勉強していると、だれかが窓の外でやかましくし始めた。そのうちに窓を叩いたりもしたので、いらっときた。ひとこと言ってやろうと窓を開けると、一人のおばちゃんが見えた。

おばちゃんは建築現場で、仮設の階段をのぼり、重たいレンガを運んでいるところだった。レンガを頭の上に載せたおばちゃんと目が合った。わたしはすぐに目をそらし、窓を閉めた。いらだちはどこかに消え、胸が痛んだ。わたしが勉強している今この時間にも、辛い思いをして働いているであろう母や兄、妹らのことが思い浮かんだ。

おばちゃんの賃金は、わたしの下宿代にも及ばなかったはずだ。一日十二時間働く妹の月給もそうだった。これは正当なことなのか。そんな問いかけがわたしのなかで、ふつふつとわいてきた。

こんなことがあった。考試院の隣室にいた、かなり年上の受験浪人が「うるさい」と怒鳴りだした。わたしは李ソンサムさんという先輩と相部屋をしていて、ときどきおしゃべりをしたりしていた。大声で騒いでいたわけではなかった。申し訳ないと謝ったのだが、彼はいきなり、こんなことを言うのだった。

「下っ端工員のガキどもみたいにうるさくしやがって！」

瞬間、申し訳なかったという気持ちが吹っ飛び、怒りがこみ上げてきた。

「下っ端工員のガキどもが、お前に何か迷惑でもかけたというのか」

わたしは、かっとなって問い詰めた。この口げんかは、考試院でいっしょに勉強していた先輩の崔《チェ》ウォンジュンさんが、わたしとソンサムさんを外に連れ出すことによって収まった。

崔ウォンジュンさんは、その日のことについて、インタビューでこう話している。

「在明君《ジュミョン》とソンサム君を連れだし、生ビールをおごってやりながらわたしはこう言ったんです。あの人、年を取っているので、焦ってあんなことを言っているんだから、理解してやらないといけないじゃないかと……。すると、在明君はこう言うんです。『悪口を言うなら、僕らに向けて言わないと……。どうして何の関係もない工員なんですか？　それが我慢できないんです』

わたしはあきれて、こう言い返したんです。『君はもう、工員じゃないんだ。この社会でもう、損をするようなこともないのに、どうしてそのようなんだ』と。

すると、在明君は、わたしを見ながら、こう言うんです。『みんなが僕のようになれるでしょうか？　いまも工場で働いている人たちに、どうしろというんですか』と。

それを聞いて、もう返す言葉はありませんでした。

今だって、同じことです。在明君が、どこそこの企業に何か特恵を与えたといったニュースを聞いたりすると、瞬間、もう、お話にもならないと思うわけです。それは李在明という人間を知らないにも、ほどがあるということですよ」

過去に貧しい思いをしてきた人間は、大きく分けて二通りの道を歩むという。一つは過去を忘れ去っていい暮らしを求めようとするケースであり、もう一つは、自分が生きてきた過去を忘れずに、そのような困難な状況を解決したいという思いをずっと持ち続けていくケースである。

わたしはどちらなのだろうか？　わたしは貧しく、辛かったころの人たちのことを忘れない。わたしがどこにいようとルーツはそこにあり、そこからスタートした人間だ。

自分独りがいい暮らしをしようと思ってここまで来たのではない。

わたしたちの民主主義はこうしてやってきた

四年生二学期の講義が終わると法学部の学生たちの運命は分かれていった。余裕のある家庭の同期生は司法試験の勉強を続け、そうでない者は卒業と同時に軍隊に行かなければならなかった。金があり、コネのある者は、軍隊をうまく免れた。わたしと親しかったキュデ、ソンホン、ジョンチュ君も入隊日が決まったところで、荷物をまとめて帰郷していった。志《こころざし》を果たせないまま、お金がなく、コネもなくて帰郷する友人たちを見ていると、名残惜しさはひとしおだった。わたしは軍隊を免除された。プレスマシーンで障がいを負った手首と、曲がった腕のためだった。徴兵検査をしていた軍の医官は、わたしのレントゲン写真を見てこう言った。

「こいつ、まったくめちゃくちゃじゃないか」

医官は、あきれたという表情だった。腕の障がいで入隊免除となったことをラッキーと思うべきなのか、どうか。わたしの心は、ほろ苦かった。

卒業式があった。両親ときょうだい全員を呼んだ。入学式に来なかった父も来た。初めて、父を含む家族全員でにっこり笑う写真を撮った。しかし、ただ喜んでばかりもいられなかった。卒業式に来ていない同期生がいた。

李《イ》ヨンジン君。わたしに「五・一八光州《クァンジュ》」（一九八〇年五月十八〜二十七日、光州市で展開された軍事政権に対する市民の民主化運動）の映像を初めて見せてくれた、そんなヨンジン君がいなかった。彼はその時、冷たい監獄に入っていた。デモのリーダーだった彼は拘束され、大学から除籍処分を受けていた。除籍だなんて……。貧しいヨンジン君の家族は、彼が一家を盛り立ててくれることをひたすら待ち望んでいただろうに。彼と父母の気持ちはいかばかりのものであったかと思うと、気が重かった。

卒業式を終えて考試院に戻ったわたしは、一通の手紙を書いた。ヨンジン君の両親宛てのものだった。ヨンジン君はのちに、その手紙について、こう語っている。
「わたしが監獄を出て家に戻ると、父は一通の手紙を取り出してきて見せてくれました。在明君からのものでした。父母はわたしのことが心配で、会いたいと思う度ごとに、その手紙を見ていたのだそうです。あいつは茶目っ気もずいぶんと多かったけど、そのように心優しい友人だったんです。在明君の手紙一通が、わたしの父母には大きな慰めになったようなんです」

手紙はヨンジン君に対する義理でもあったが、わたしが司法試験の勉強をしている時、自分のすべてをかけてたたかっていた正義感あふれるすべての青年たちに対するわたしの気持ちでもあった。あの時代、街で、あるいは監獄で、輝かしい青春の一コマを送った青年たちに敬意を表したい。わたしたちの民主主義は、このようにして訪れたのだった。
あのときの手紙の一節をここに転載しておきたい。

――正義のためにたたかい、苦労しているヨンジン君のことを、わたしたち同期の者はみな、誇らしく思っております。

ヨンジン君は将来、きっと立派に、大きなことを成し遂げてくれるものとわたしたちは信じています。

ご両親におかれても、どうぞ過度に落胆なさらないよう、お願い申し上げます。

一九八六年二月二十一日、李ヨンジン君の学科同期　李在明《イジェミョン》拝

苦痛の真っただ中、息子を待つ

父の支援を受けて司法試験の勉強をしていた八六年三月、父の入院を知らされた。すぐに病院に駆けつけた。医師は胃がんが再発したといい、三カ月を越すのは難しく、夏までももたないだろうと言うのだった。病室で寝ている父を見て、自責の念にかられた。父を恨んでばかりいたようだった。息子として胃がん一つ治してやれないのかと思った。父の人生もかわいそうだった。これから幸せな時期を、というときに命が尽きていた。気が急《せ》いた。父のためにも司法試験に合格しなければならなかった。

大学の法学部に合格したとき、町内の人たちに息子が法学部に行っていると自慢する父を偶然、見かけたことがある。明るく笑いながらわたしのことを話す父の表情は、見たこともないようなものだった。

実際、考えてみると父は、肝心な時にはわたしの勉強を後押ししてくれていた。一回目の司法試験で落ち、再挑戦の準備にかかっていたとき、「勉強しろ」と言って、へそくっていたお金を出してくれたのも父だった。そのときは少し驚いた。実のところ、父も腹の底ではわたしを応援してくれていたのである。

もう、落ちることはできなかった。わたしは凄まじいばかりに勉強に集中した。

五月　一次試験合格

七月　二次試験合格

最終合格が決まったのは冬だった。二十二歳のときだった。父は医師が予告した三カ月を越えて、そのときまで生きていた。しかし、すでに意識はほとんどなかった。麻薬性鎮痛剤に頼り、辛うじて命をつないでいた。

わたしは重たい気持ちで、父の耳元にささやいた。

「お父さん……、司法試験に通りました」

その言葉が父の意識に届いたのだろうか？　意識がないと思っていた父の目元から、ゆったりと涙がこぼれ出た。気持ちが崩れ落ちた。その時まで、わたしは父との間で、ちゃんと和解できずにいたのだった。自責の念が深かった。

それからいくらも経たずに父は逝った。偶然にも、わたしの生まれた日、生まれた時刻に亡くなった。

その時になって初めて分かった。息子の成功、わたしの最終合格を聞くために、その苦痛の真っただ中で、息子を待っていたのだということが……。

家族がいっしょに暮らす家一軒を持つことを生涯の目標に一生、働き詰めできた父だった。わたしはそんな父を理解できずに激しく抵抗していた。まるで自分独りで生まれ育ってきたように傲慢で、大学の専攻も相談することなく勝手に決めていた。たいていの息子たちがそうであるように、父が亡くなって初めてわたしも気が付いた。父がわたしにとってどれほど大きな存在であったのか、ということに……。

そんな父に、一度たりとも愛しているという言葉を言えなかった。

だれにあっても、父親が存命なら、たとえ唐突ではあっても、また、不仲なのだとしても、愛しているという言葉をぜひ、かけてやってほしいものだ。

まともに仲直りできなかったという後悔は、あまりにも大きい。どうぞ、そのような後悔がありませんように……。

お父さん、愛していました。

いや、愛しています、お父さん。

名士？　権力者？　まずは、まともな人間に

司法研修院（日本の司法研修所に相当）に入った。修習生には給料が出た。初月給の一部を母に渡した。母は、その紙幣を長いあいだ使わず、お守りのようにして持ち歩いた。毎日、城南《ソンナム》から研修院に通った。肝心の教育内容にはがっかりした。硬直した教育制度に加え、講義内容も貧弱だった。判決文や起訴状を書く機械になれということなのか、テクニック中心の教育が繰り返された。

修習生らの態度も良いとはいえなかった。

司法試験に合格するくらいなら、最高の知的能力と教養を備えた人たちだろうと思っていたが、そうではなかった。さりげなく地縁や学歴、家柄を自慢する修習生が多かった。何人かは、ずいぶんとあからさまに貧困層出身者や手づるのない者を見下していた。

そんな雰囲気がわたしには耐え難かった。当時の日記は、こう書いている。

――社会的地位が高い人間より、人間的な人間にならなければならないと強く感じる。まず人間になるべきで、名士や権力者になってはいけない。

わたしが何不足ない家庭で、楽に勉強して司法試験に合格していたとしたら、こんなことを考えることができていただろうか。

修習生たちの雰囲気は、工場や大学で出会った人たちとはずいぶんと違っていた。貧しく、コネもない人たち、だからこそ、か弱く、純粋な人たち――。わたしの知っている人たちのことがしきりと目に浮かんだ。

その年は一九八七年だった。大韓民国の歴史にあって特別な転機の年。「六月民主抗争」のあった年だった。一月、ソウル大の学生だった朴鍾哲《パクジョンチョル》君がソウル南営洞《ナミョン》の対共分室で拷問を受けて亡くなり、六月九日には延世《ヨンセ》大生の李韓烈《イハンヨル》君が警官隊の撃った催涙弾を頭部に受け、血まみれになって倒れた。

朴鍾哲君拷問致死の記事を読んで体がぶるぶる震えた。全斗煥《チョンドゥファン》の虐殺は続いていた。我慢できなかったわたしは、その日の研修勤務を終えるとデモの現場に直行した。そこで学生たちに交じり、スーツ姿のまま、「独裁打倒」「民主化」を叫んだ。

わたしの六冊目の日記帳の表紙には朴鍾哲君の写真が貼ってある。日記は、真実を込めたわたしの最も率直な記録だ。そんな内密の場所に朴鍾哲君の写真がある。それは、決して忘れまいという切々たる誓いだった。

その年、全国で約五百万人がデモに参加したといわれている。六月十日にはソウルだけで三十余カ所、全国五百カ所以上で集会が開かれた。当日午後六時きっかり、全国あちこちの教会で鐘を鳴らした。それを合図に車が一斉にクラクションを鳴らし、デモ隊が喊声を上げた。歩いていた市民らは立ち止まり、拍手でこれに呼応した。
一つにまとまった巨大な力――。

だれにあっても人生の方向を決定づける、ある不滅の瞬間というものがある。一九八七年六月は大韓民国という共同体が、ひたすら民衆の力によって新しい道を切り開いた不滅の瞬間であった。

その時、いまは車で埋め尽くされるソウルの道路を、もっぱら人と輓章《ばんしょう》（死者への哀悼文を書いて棒に吊るした布や紙）と旗が占拠していた。

そのなかに、わたしもいた。

すべてを失ってもいい

半年だけでも判事か検事をやると「前官礼遇」を受ける。そうすれば、お金の心配もなく、楽に弁護士を開業できた。しかし、それは「弁護士になって弱者の味方になる」と誓った大学同期の李ヨンジン君との約束を破るということだった。

「労働者とともに歩む人権弁護士になる」

わたしは、司法修習生の時からそう言いふらしていた。みんなの前で公言していれば、余分なことは考えないだろう、と思ってのことだった。自らに対する強い予防措置というわけだった。

一九八七年六月の民主抗争勝利で、民主化の風が吹いていた。大統領も国民が直接選ぶようになった。大学のキャンパスからも情報要員らが引き揚げた。しかし、驚くべきことに、検察庁や裁判所には相変わらず国家安全企画部（現在の国家情報院）の要員が常駐し、捜査や裁判に介入していた。

さらに、新たに発足した盧泰愚《ノテウ》政権は、何の自己反省もないまま、全斗煥前政権が任命した大法院長（日本の最高裁判所長官に相当）を留任させようとしていた。間違っていた。「民主社会のための弁護士会」（民弁）などが反対声明を出していた。

当時、わたしは志を同じくする修習生らと「労働法学会」というものをつくって勉強したり、無料相談のボランティア活動をしたりしていた。その頃いっしょに活動していた仲間に鄭成湖《チョンソンホ》、文武一《ムンムイル》、崔元植《チェウォンシク》、文炳浩《ムンビョンホ》氏らがいる。軍事政権の大法院長を留任させようとする動きは、とくに憂慮された。わたしは会を代表して司法研修院十八期の同期生に呼びかけた。ソウル冠岳《クァナク》区奉天《ポンチョン》洞の旅館に集まり、どうするかについて徹夜で討論した。宿泊代の二十万ウオンもわたしが負担した。

司法修習生の名で、声明文を出すことにした。そう簡単なことではなかった。修習生の資格を剥奪されることもあり得た。最小限、重い懲戒処分から刑事処罰までを覚悟しなければならなかった。しかし、わたしたちは決行を決めた。わたしは心血を注いで声明書の草案を作った。

のちに、崔元植氏は「草案がよくできていたので修正の必要がなかった」と振り返っている。完成した声明文（案）を城南の自宅に持って帰り、二セットずつタイプライターで打った。そして、全国各地で実務修習を受ける修習生らの署名をもらうため、全員があちこちに散っていった。

一九八八年七月一日、「司法府の独立に関するわれわれの見解」という声明が発表された。司法修習生一八五人が署名した声明文だった。修習生が外部に向けて集団で見解を出すのは研修院ができて以来、初めてのことだった。国中が騒然としていた。

大法院長留任反対の動きは、このあと、法曹界、宗教界、市民社会団体に広がり、結局、それはなかったことになった。こみ上げてくるものがあった。歴史はこの事件を「第二次司法波乱」と呼んでいる。大韓民国の歴史上、二度目の法曹界の反独裁闘争だった。

修習生の資格を剥奪されたらどうするつもりだったのか、とか、怖くなかったのか、と聞く人がいる。怖くなかったといえば、嘘になる。しかしその時、襲いかかってくる恐怖や迷いを前に、わたしはこう考えていた。

「ここまで来られただけで十分だ。これから得るものはオマケなのだから、全てを失ったとしても、かまうものか」と。

自分を棄ててかかると恐怖は去り、勇気が湧いてくる。そのように、道は、ひょんなところからも開けるものだ。

わたしたちは勝った。民主化の風が強かったおかげで処罰も免れることができた。ラッキーだった。

道を開いてくれた、あの方

司法試験の成績と研修院の成績を合計した最終成績は、中上位圏というところだった。判事や検事の発令が可能なレベルだった。また、心が揺れた。若くして経験もないままに弁護士を開業するのが怖かったし、任官を放棄するのも惜しかった。いわゆる「判・検事」になれば、母も喜ぶはずだった。そういうことで悩んでいるうちに、自分がこんなにも小市民的だったのかと恥ずかしくなった。

日記帳にギュッギュッと力を込めて字を書き、気を引き締めた。

――個人の幸せのためだけに生きるのか。それとも、この社会で弾圧され、抑圧される人たちのために自分の幸せを少しばかり諦めるのか。豚と人間の違いは、何なのか。

揺れ動くわたしの心に、くさびを打ち込んでくれたのは、ある弁護士の特別講演だった。はきはきと、興味深く、うまい話し方をされる方だった。一言も漏らすまい、と集中して聞いた。まさに、その方こそ、わたしが目指そうとしている労働・人権弁護士だったのだから……。

「弁護士は何をやっていても、飯《めし》だけは食える」

これが、その方の、締めくくりの言葉だった。怒鳴りつけているようにも聞こえた、その言葉が、わたしの胸にストンと落ち、安心させてくれた。何をやっていても飯は食えるというなら、できないことなど、何かあるというのか。わたしに道を開いてくれた言葉だった。その時の演者こそ、まさに、あの盧武鉉《ノムヒョン》元大統領だったのである。

わたしはまた、悟った。判事や検事としてわずかな期間でもいい目をすれば、それを棄てるのはいっそう難しくなるであろう、ということを……。一度の妥協は、一度では終わらないものなのだ。

なら、これから、どこで、何から始めたらいいというのか。答えは難しくはなかった。日記には、釘《くぎ》を刺すように、こう書いている。

——城南は、わたしの人生の半分、それも、この社会の厳しさを味わいながら過ごしたところだ。第二の故郷であり、生まれ変わったところでもある。だからこそ、わたしは城南を愛し、ここから決して離れられないのだ。ここを新しく、民主化の拠点に育て上げていこう。　一九八八年五月十二日

わたしが力になってあげなければならないのは、労働者や貧しい人たちだった。城南には無数の「きのうの李在明」たちが、相も変らぬ辛い思いをしながら生きていた。結局、誘惑を断ち、城南で弁護士事務所を開くことにした。勤務時間以外は、労働相談所で相談役としてボランティア活動をすることにした。

ある心理学者は、『二〇二一～二〇二二年　李在明論』（ガンジー書院、二〇二一年）と

いう本の中で、わたしのことを「私的欲望を公的欲望に昇華させた政治家」と診断した。虐げられる労働者として生きたくないという私的欲望を、だれも虐げられることのない社会をつくりたいという公的欲望に発展させたというのである。そして、「公益追求型の政治家」の特徴について次のような点を指摘した。

一、権力を得るために何かをするというのではなく、何かをするために権力を必要とする。

二、個人的に損をすることを恐れない。

三、一般大衆はもちろん、自分に反対する人たちも避けたりはしない。

四、絶対多数の一般国民に強い連帯感を持っている。

これらは、みんなの共感が得られるものなのか、どうか――。気になるところではある。

第七章

二十五歳の弁護士を応援してくれた人生の師たち

司法研修院の同期らは、わたしのことが理解できなかった。半年間だけ判事か検事をやれば「前官礼遇」を受けられるというのに、それを拒み、敢えて初めから弁護士になるという。それでいて、開業資金づくりのために法律救助公団（日本の「法テラス」に相当）への就職について悩んでいる……。

彼らから見て、わたしは変わり者だった。

研修院時代、弁護士試補の実務研修を趙英来《チョヨンレ》弁護士事務所でおこなった。趙英来氏（一九四七〜九〇）とは、何者なのか？『全泰壹《チョンテイル》評伝』（全泰壹〈一九四八〜七〇〉は、十七歳でソウル清渓川《チョンゲチョン》の零細縫製工場に就職して労働運動に参加。劣悪な労働条件に抗議し、一九七〇年「労働基準法を守れ」と叫んで焼身自殺した。この事件は韓国労働運動の原点になったとされる）を書いた、あの方である。

京畿《キョンギ》高校とソウル大学を最優秀成績で出た秀才だったが、人権弁護士、そして民主化運動家として犠牲をいとわず、不滅の人生を生きた。わたしはこの方を当時はもとより、今も限りなく尊敬している。

趙英来弁護士事務所では、ソウル望遠《マンウォン》洞の水害被災者集団訴訟をボランティアとして手伝った。弁護士を開業するにも事務所の賃貸料が払えなくて困っていた時期だった。そんな時、趙先生はわたしを呼んでくれたうえに、開業に必要な五百万ウォンを借りられるようにしてくれた。思いもよらない応援だった。

判事や検事への任用を拒み、行くべき道に進む、という二十五歳の若造弁護士の無謀な挑戦と勇気が健気に見えたようだ。胸がいっぱいだった。全泰壹烈士のことを評伝によってわたしたちのなかに甦らせてくれた趙英来弁護士が、わたしのことを信じ、認めてくださったのだと思った。

こうして借りた五百万ウォンは貴重なお金だったが、城南《ソンナム》で事務所を借りるにはまだ、足りなかった。ここで、もうひと方、援軍が現れた。大学入学検定試験の勉強をしていたとき、ただで塾に通わせてくださったキムチャング先生だった。キム先生の仲介で、さらに五百万ウォンを借りることができた。城南で、望み通りに人権弁護士の道を歩めるようになった。限りなくありがたかった。

助けていただいたのは、お金だけではなかった。無条件の信頼と応援をいただき、それがわたしにとって勇気の源泉となった。わたしを応援してくださる素晴らしい方々がいる。恐れるものが何かあるとでもいうのか。

こうして二十五歳の初々しい弁護士は、労働者として育った城南のまちで、「貧しい人の役に立ちたい」という、学生のころからの思い通りに事務所を開いた。わたしは二つのことを誓った。

——お金を弁護するのではなく、人を弁護する。

——利益を弁護するのではなく、正義を弁護する。

十八歳の年に大学の法学部で司法試験の勉強を始めるときに誓った決心と約束は、

いっそう確固たるものとなり、具体化されていった。

事務所を開き、表札の横に扁額をひとつ置いた。そこには、こう書いていた。

「民生弁論」

考えてみると、当時の決心は、いまも現在進行形である。わたしは今も、ひたすら弁護人として生きている。わたしが弁護するのは、きのうまでの数多くの「わたし自身」であり、毎日毎日を誠実に生きている隣人たちである。

力もなく、財産もないが、誠実で純粋な人たち……。そんな人たちの心強い味方になってあげること、彼らに最も忠直かつ有能な弁護人になること――。それが、わたしの召命なのである。


趙英来弁護士と全泰壹烈士。二人とも、大邱《テグ》で生まれている。一九四七年生まれと、一九四八年生まれ。二人が生前に出会っていたとしたら、良い友人同士になっていたことだろう。慕《した》わしい人たちである。

お金にはならなくても、仕事はたくさんありました

弁護士事務所は、はじめのうちは暇だった。「前官礼遇」も、頼るべき縁故もなしに、まだ若造の身で開業したのだから……。事務所を訪れた依頼者らは弁護士のネームプレートが置かれた机に座っているわたしに向かって「弁護士先生は、どこ?」と聞いた。「わたしが弁護士です」と答えると、「ヘンな人」と言わんばかりに冷たく踵《きびす》を返したものだ。

しかし、うれしくもない、そんな暇な状態は、長くは続かなかった。城南工業団地の労働事件が押し寄せてくるようになった。暻園《キョンウォン》大学、韓国外国語大学、慶熙《キョンヒ》大学などで拘束された学生たちの弁護も引き受けるようになった。世間でいうところの「カネにもならず、頭が痛いだけ」の事件である。

京畿道東部地域《キョンギドトウブチヨク》で起きる、そのような人権、労働、政治犯がらみの事件のほとんどを無料で弁論しなければならなかった。この地域で、無料弁論を引き受ける人間はわたしのほかにはいなく、お金にはならなかったものの、仕事だけは、目が回るほど忙しかった。裁判記録のコピー代など、必要経費として十〜二十万ウォンは出してもらうことにしていたが、ほとんどの場合、それすらまともにもらえず、ポケットマネーで埋め合わせていた。人権団体を通してくる事件は五十万ウォンほどの支援があったので、それなりに助かった。

一般事件の相談にも、当然のことながら無料で応じた。やがては、電話番号案内の一一四番（日本の一〇四番に相当）を回して弁護士の無料相談について尋ねると、案内係はわたしの事務所の電話番号を案内するようになった。相談は、相手がどんな人であれ、誠実に応対した。できるだけ、費用のかかる訴訟は避ける方向で解決策を見つけてあげた。

一九八七年には、城南工団にあった「エフコア・コリア」という日本の企業が突然、廃業した。労組の活動を抑え込むためだった。会社側は、向こう三年分の受注量を確保しながらそれを隠し、「偽装廃業」していたのだった。突然職場を失った二百人以上の労働者たちが、わたしに助けを求めてきた。全員、わたしの妹と同じ年ごろの女子工員たちだった。こういう時のために弁護士になったのである。わたしは半年以上にわたってこの事件に取り組んだ。一生懸命にやった。

彼女らの弁論をしていて辛かったのは、ところかまわず目頭が熱くなり、声が詰まってしまったことだ。彼女らの生き方は、わたしの歩んできた人生とあまりにもよく似ていて距離をとることができなかった。

長いたたかいの末に結局、労働者たちは小さな勝利を収めた。泣けてきた。あるとき、民主党のある国会議員がわたしに言った。自分の妻は、あの時わたしの助けを受けた「エフコア・コリア」の労働者だったんだ、と……。

外国人労働者たちの、胸が痛む事例も多かった。フィリピンから来たアリエル・ガラクさんという労働者は一九九二年、城南の工場で働いていて右腕を切断する事故に遭った。不法滞在だったため、労災として認めてもらえなかった。彼を待っていたのは補償ではなく、強制出国だった。家族を養い、弟たちを学校に出すために、遠い他国で昼夜を分かたずに働いていた彼は、片腕を失ったまま帰らざるを得なかった。

わたしは、ガラクさんの労災療養の承認を得るために奮闘した。しかし労働部（省）、工団、出入国管理事務所は頑《かたく》なだった。前例がないというのだった。そこでわたしは、あらゆる資料や証拠、法理、国際労働機関（ＩＬＯ）の勧告条項まで引っ張り出して取り組んだ。

一年余にわたる長い再審を経て結局、療養認定を勝ち取った。ガラクさんは、すでにフィリピンに帰っていて療養を受けることはできなかったが、労災の補償金は受けられるようになったのだった。

ガラクさんに補償金を送金した日の夜、事務所のメンバーたちとパーティーともいえぬ、ささやかなパーティーを開いた。ガラクさんにとって、そのお金がお詫びや慰めになるだろうかと思った。嬉しさよりも、その日に限って、わたしの曲がった腕はいつにも増して痛く、酒量も多くなったようだ。

弁護士として、それなりに一生懸命やってきたと思う。「民弁」（民主社会のための弁護士会）の活動もし、利川《イチョン》労働相談所と広州《クァンジュ》労働相談所の所長としても働いた。あの時代、わたしが弁論に関わった関係者や事件を挙げてみる。

独島《トクト》（日本の竹島）デモで逮捕された学生ら▽龍山《ヨンサン》惨事の関係者▽盆唐《プンダン》パークビュー特恵分譲の暴露▽全斗煥《チョンドゥファン》・盧泰愚《ノテウ》秘密資金の追徴運動▽李明博《イミョンバク》氏の独島妄言訴訟▽李へハク牧師の国家保安法違反事件▽慶熙大生の強制連行と残虐行為▽国会議員金太年《キムテニョン》氏に対する国家安全企画部の捏造事件▽農協不正貸出事件を暴露した記者の弁論▽京畿交通不法売却の集団損害賠償▽城南地下商店街の不正暴露▽芸能人によるゴルフキャディー暴行事件の被害救済▽城南市福井《ボクジョン》洞の日雇い建設労働者の労組設立支援▽城南市下大《ハデウ》院《オン》洞住民の強制撤去に関する弁論▽外国人労働者活動家の拘束事件▽露天商の拘束……。

拘束された数多くの労働者や学生、平和運動家たち、そして労働者の解雇無効訴訟……。いまはもう記憶すら薄れかけているたくさんの人たちのことが思い浮かぶ。その中には一時、激しく争っていた金文洙《キムムンス》元京畿道知事の弟もいた……。

お金の使い方

弁護士開業とほぼ同時に、労働運動の支援と労働相談にとび込んだ。折から、アンヤンロ先生から「手伝ってほしい」と頼まれた。彼は、城南よりもっと深刻な状況にある驪州《ヨジュ》、利川地域で労働相談所を開いていて、労働相談を引き受けてくれる弁護士を探していた。いっしょにやろうという申し出に二つ返事で引き受けた。

そうやって毎週二回、水曜日の午後と土曜の終日、利川の労働相談所に行って労働運動家たちといっしょに運動を支援し、法律相談に応じた。仕事が終わると、地域の労働者たちとマッコリを飲みながら話し合い、夜遅くに城南に戻った。労働相談所の保証金や家賃、幹事らの活動費もこちらで負担した。相談所の幹事だった金《キム》ジェギさんはメディアのインタビューに次のように答えている。

「労働相談所が間借りしていた建物から引っ越したことがあります。大家さんが刑事たちの圧力に耐えられず、出ていってほしいと言ってきたんです。それで、他の場所を当たってみたんだけど、あまりにも家賃が高いところばかりで、困っていました。そんなところへ、李在明《イジェミョン》弁護士がぽんと保証金二千万ウォンを出してくれたんです。その時は、弁護士なのだから、それくらいのお金はあるのだろうと思っていたのですが、十三年経った後で初めてわかったのです。自分が事務所を開くときは、金がなくて趙英来弁護士や塾の院長から借りていたというのです。そんななかで、労働相談所の保証金を払っていたというわけです。十三年経ってから初めて聞き、びっくりしました。いっしょに働いていたわたしたち活動家は、まったく知りませんでした。本当に申し訳ないことをしてしまったものです。

さらに、最初の一カ月間いっしょに仕事をしたあと、幹事たちにサムギョプサルと焼酎をおごってくれました。別れ際、タクシー代に、とでもいうように一通の封筒を差し出し、『皆さんでお使いください』というのです。後で見ると百万ウォンも入っていたんです。それだけあれば事務所の家賃を払い、常勤の職員三人の活動費になりました。最初だからそうなのかと思っていたのですが、わたしが利川から離れるまで、なんと三年余も毎月きちんと封筒を渡してくれたのでした。

そんなふうに生活費を支援してくれながらも、もしかして、わたしたちのプライドを傷つけるのではないかと常に気を遣ってくれていました。李在明弁護士が、当時はもちろん、いまに至るも一度たりとも、そのようなことについて口にするのを見たことがありません」

市民団体の活動家の給料は、ささやかなものだった。公益のために飛び回る人たちなのだから、最低限の生計だけは立てられるよう、責任を負うべきだというのがわたしの考えだった。

「城南市民の会」の時もそうだった。当時、そこで実務を担当していた現代電子《ヒョンデ》の解雇者カンヒョンスクさんは、後にこう話している。

「李在明弁護士が組織してくれた後援会のおかげで常勤者はみな、ちゃんと給料をもらえたし、足りない経費は李弁護士が負担してくれました。当時、わたしたちのように四大保険（国民年金保険、国民健康保険、雇用保険、労災保険）のすべてが適用されているところは全国でも珍しかったと思います。李弁護士は、感謝するわたしたちに、ありがたがることはなく、当然の権利だと言っていました。労働運動や市民運動をするわたしたちが労働法を守らないで、だれが守るというのか、と」

お金はどのように使うのがいちばんいいのか、ということを趙英来弁護士とキムチャング院長から教わった。また、わたしが贈った金の指輪を撫《な》でながらいつも心の慰めにしていた母のことを見ながら学んだ。

人は、好きな人に似ていくものである。ある先生が好きだと、その先生が受け持つ科目の成績も上がっていくように……。

わたしは、教わった通りを実行した。

どうしてそんなに一生懸命なの？

「在明君の司法試験一次試験の点数をみてソウル大出身者らも驚きましたね。二回受けて二回とも九十点以上だったんです。そんな人、見たことがありませんよ。一次には英語、韓国史、文化史のような科目もあり、正規教育を受けてない受験生には、とても難しいですから。それなのに、正規教育を受けていても取れないような点数を二度も続けて取ったんですから、もう、怪物のようなものです。集中力に加え、ポイントをつかむ能力がとても優れているんです」

考試院の先輩、崔《チェ》ウォンジュンさんの回想である。自慢（？）しているわけではない。気になる方もいようかと思い、情報提供の意味で書いているのである。

弁護士事務所を城南の裁判所前に移し、労働相談所を付設した。大学同期の李《イ》ヨンジン君に労働相談所長をお願いした。大学時代、学生運動のサークルに入っていっしょに活動しようと声をかけてくれていた、あの李ヨンジン君である。わたしは彼に、将来弁護士になるのでその時はいっしょにやろう、と約束していた。七年後に約束を果たせたわけである。

ヨンジン君は、相談所で所長以上の役割を果たしてくれた。裁判所、警察署、労働現場などを忙しく走り回り、事務所内のことも抜かりなくきりもりしてくれた。何の私心もない善良な人で、いつもわたしのことを一番に応援してくれる人のひとりだ。今も、親友として付き合っている。もう四十年来の知己である。

わたしは勝率の高い弁護士だった。事件を緻密に分析し、法理はもちろん、最新の判例まで徹底的に調べて弁論を準備したからだ。面白いことに、わたしが労働者らを弁論する法廷で対決した会社や企業主が、わたしに他の事件を依頼したり紹介したりもした。彼らはわたしによって敗訴したものの、それによって却ってわたしが彼らの弁護士だったとしたら、というふうに考えたというのである。そんな企業は労使問題ではなく、ほかの民事事件を持ってきた。受任料は結構なものだった。

法律相談も一生懸命にやった。答えが見つからない時は、何日か後にまた来るようにと案内し、自分で本を買って勉強し、判例を分析して答えを探した。

今でこそ、インターネットで最新の判例を簡単に確認できるが、当時は冊子にして全国の弁護士事務所に売り歩く人たちがいた。城南で最新の判例集を欠かさず購入して勉強するのはわたしだけだった。

「カネにもならない無料相談なのに、どうしてそこまで一生懸命になるんだ？」

あるとき、無料相談が終わった後でヨンジン君から、こう聞かれた。不思議で仕方がない、という表情だった。

「わたしが答えを探せなかったら、あの人たちは城南のどこへ行っても答えを見つけられないのだ。城南の弁護士であるわたしがやってあげないと」

そんな答えに対する感想とでも言おうか。ヨンジン君は当時のわたしについて、こんなふうに言っている。

「在明君は、いつも勉強していました。普通、弁護士になると勉強しないんです。だから、頭が硬くなり、考え方も硬直してしまうんだけど、彼はそうではありませんでした。また、彼は負ける事件は引き受けませんでした。負けるのが明らかなのに訴訟を起こそうとすると『止めとけ』『やっても負ける』『時間と金の無駄だ』と、そんなふうに言っていました。それでも言うことを聞かずに気を悪くし、ほかの事務所へ行って訴訟を起こした人はどうなったでしょうか？　負けて後悔し、わたしたちのところに来て『李先生の言うことを聞いていればよかった』とぐちっていました。市長、道知事として公約の履行率が圧倒的に高いのも、そうしたところからきているのです。できないことは公約しませんからね」

妻、金恵景《キムヘギョン》と出会う

一九九一年——。そのころのわたしの日常は、弁論、接見、相談、判例分析といった日程で埋まっていた。終日、目が回る忙しさで走り回り、夜は地域の活動家らと、くたびれた飲み屋で焼酎のコップを傾けながら議論し合った。鬱憤に満ちた話は尽きず、行きつけの飲み屋の主人は、わたしたちを残したまま帰宅してしまうほどだった。

ふと、そのような疲弊（？）した日常を終わらせなければ、という気持ちになった。そして、大胆な計画を立てた。八月が終わるまでに出会った人と結婚しようという決心だった。母は、父の顔を結婚式場で挨拶する時になって初めて見たというが、長い間付き合って恋愛結婚した人と結婚生活に違いがあるようには思えなかった。

わたしは、決めるまではとても慎重に悩むが、いったん決めてしまうと果敢、迅速に実行する。実行力を高めるために周りに公言もした。

「八月が終わるまでに結婚相手を見つけます」

五回の見合いが決まり、三回目で運命の人と会った。わたしが一目惚《ぼ》れした人の名は金恵景だった。

その日から城南の同僚たちや行きつけの飲み屋のことは頭からすっかり消えた。毎晩、彼女に会おうと追いかけた。少しの間でも会わないと耐えがたいほどだった。

金恵景は、淑明《スンミョン》女子大学のピアノ科を出て、日曜日には教会に通う人だった。優しく、あたたかく、明るく愉快だった。いっしょにいると、とても幸せだった。彼女の多くは馴染みのないものだったが、そのすべてがよかった。わたしの気持ちは突っ走り、四回目に会ったときにプロポーズした。彼女は「あきれた」といったふうに笑った。笑うのを見ると、振られたわけではないように思えた。それほど彼女に惚れていた。そして実際のところ、わたしの人生においてそこまで惚れ込んだ人はいなかった。なら、結婚しなければ……。

ところが、金恵景はその後何度会っても、いいとも、いやだとも、言わなかった。最後の手を使った。十五歳から二十四歳までの十年間に書いた日記帳六冊を手渡したのである。

「わたしはこのように生きてきた人間です。すべてを隠し立てなく見せてあげるので、あなたの方で、わたしのことを、いっしょに暮していくに値すると思うなら、結婚しましょう」

実際、初めて会ったときから、わたしの生きてきた人生についてすべてを話していた。貧しい暮らしぶりや家族のことなど、一切合切を……。率直にすべてを見せてあげないといけない、ごまかしてはならない、と考えた。さらに、きょうだいたちが働いているところまで連れて行って挨拶をさせた。無理な作戦であることは明らかだったが、結果として「神の一手」となった。彼女はプロポーズを受けてくれた。うれしく、幸せだった。この世のすべてを得たようだった。わたしは満面、笑みだった。

のちに彼女は日記をはじめ、わたしの率直な様子に確信を得、信頼することができたと言った。会って七カ月後に結婚した。

気になる方もおられるかと思うので言っておくと、見合いは彼女と会った後も、まだ二回残っていた。当時、金恵景にそのことを告白し、あとの二回はどうしたらいいものかと聞いた。彼女は、紹介してくれた人たちの体面のことを考えると、会ったほうがいい、と許してくれた。それで、さらに二回の見合いをした。あとで、「五回目に会った女性はよかった」と金恵景の前でふざけると、お目玉を食らった。冗談だったが、叱られて当然だった。

わたしの人生にあって最もよかったことを挙げるとすれば、妻と結婚したことだ。最も幸せだと感じるのも、妻と気楽におしゃべりをしているときである。

六連発ガス銃

一九九〇年代半ばになると、城南でも市民運動への関心が高まった。労働・人権弁護士として活動しているうちに城南の「われらが弁護士」になったわたしの役割もおのずと市民社会の領域に広がり、「城南市民の会」への参加につながっていった。

「市民の会」の執行委員長を引き受けることになったわたしは、「パークビュー特恵事件」に取り組んだ。この事件は、城南市盆唐区白宮《ペックン》・亭子《チョンジャ》地区の商業・業務用土地を住居用に用途変更し、政官界の有力者らに特恵分譲をした権力型不正だった。土地を用途変更してマンションを建てることは、建設業者に莫大な差益をもたらした。わたしは一九九九年末から用途変更の不当性を指摘し、反対運動に乗り出した。しかし、住民らの強い反対にもかかわらず城南市は用途変更をおこない、その土地の価格は天井知らずとなった。事件を調べていくうちに、そこには土建業者から政官界、検察、マスコミに連なる、とてつもなく強大なネットワークが出来上がっていることがわかってきた。地域の弁護士一人と市民団体が立ち向かっていくにはあまりにも巨大な相手だった。周りからは、それ以上やるとケガをするので止めておけ、というアドバイスが相次いだ。無謀だと言われた。

わたしとて、怖くないことはなかった。しかし、知らなかったのならいざ知らず、不正が行われていることを知った以上、後に引くわけにはいかなかった。

決心はしたものの、実際、相手は予想以上に強力だった。

土建勢力は初めのうち、懐柔策でわたしを取り込もうとした。わたしが地域の労働者や市民のためのメディアを立ち上げたいと考えていることを知って二十億ウォンを投資したいと提案してきた。二十億――。一千万ウォンすらなくて事務所の開業費用を借りていたわたしに二十億とは……。わたしは、そのような提案があったということを同僚たちに話した。そして、こう反問した。

「われわれが良心を売るとしたら、いくらで売るべきか？」

金で、人も魂も買うことができると信じている勢力だった。わたしは、五千億くらいはもらわないといけないんじゃないか、と言った。「城南市民の会」のような市民団体を全国に二百～三百カ所つくって運営するには、それぐらいは必要なんじゃないかと思った。みんなが笑った。可笑《おか》しくも、悲しい冗談――。彼らはこの日の冗談を噂として広めた。李在明は二十億では少ないといって五千億を要求したそうだ、と。おかげで、わたしの良心の公示価格は、二十億から五千億へと急騰した。

懐柔策が効かないと分かると、次は脅迫だった。わたしに対する脅迫は我慢もできた。しかし家族に危害を加えるという脅迫は、辛かった。彼らは、事務所はもちろん、家にまで電話をかけまくった。真夜中に電話をしてきては、妻に対し、子どもたちの学校やクラスのことまで持ち出して「良からぬことになる」と脅した。妻は、とても苦しんでいた。警察に届けても無駄だった。後でわかったのだが、警察署の幹部もその一味だった。

結局、わたしは許可を得て、六連発のガス銃を備えた。スーツのポケットに入れて持ち歩いた。

相手は、巨大なゴリアテ（旧約聖書に出てくる人物。サウルの王国「イスラエル」に侵入したペリシテ軍の英雄で、イスラエル側のダビデによって倒された）だった。どうするべきなのか？　わたしは一生の方向を決める大きな問いかけの前に立っていた。

第八章

終わらない戦争

脅迫され、六連発ガス銃を備え……。子どもたちへの脅迫まで受けた妻は、とても苦しんでいた。相手は強大な資本と権力で武装した既得権勢力だった。わたしは市民団体で活動する弁護士に過ぎなかった。どうすればいいのか。百尺竿頭《ひゃくしゃくかんとう》――百尺もある高い空中、立っているのは竿《さお》の先端、風が吹くとふらつく危うい場所だった。

このたたかいが、この先、どれほど険しいいばら道につながっていくかを慮《おもんぱか》っても詮《せん》無いことだった。わたしが諦めれば、だれもたたかう者がいないことは明らかだった。知らなかったのならいざ知らず、知っていて不正とたたかわないのは、良心が許さなかった。

結局、わたしはその危うい空中で、百尺竿頭からさらに一歩を踏み出す決心をした。百尺竿頭一歩を進む——である。

マンションの特恵分譲は末節に過ぎなかった。本筋の幹は、土地価格を天井知らずに吊り上げた用途変更だった。とてつもない利益を生みだす根源——。事件の本質を追跡するKBS番組「追跡60分」の取材チームとのインタビューに、わたしは応じた。インタビューの途中、城南《ソンナム》市長（当時）からKBSのプロデューサー（PD）に、通話を求める音声メッセージが届いた。KBSのPDは、わたしの事務所に来るまでの間に市長の秘書に「検察」を騙《かた》って何度か電話をし、市長との直接通話を求めていたのだった。用途変更の最終許認可権を持つ城南市長に電話したPDは、自らパークビュー事件の担当検事だといい、率直に全貌を明かすよう慫慂《しょうよう》した。城南市長は内幕を打ち明け、記者はその通話内容を録音した。

数日後、その音声は「追跡60分」で放送されたが、反響がなかった。そこで、わたしはPDに頼んで録音ファイルをもらい、記者会見の場で公開した。

折から地方選挙と重なって大騒ぎとなった。慌てた城南市長は、PDによる検察詐称の黒幕としてわたしに目をつけ、検察はわたしを共犯として起訴した。悔しくて大法院までたたかったが、結局のところ、有罪となり、罰金百五十万ウォンが確定した。詐称したPDは、宣告猶予だった。

「パークビュー特恵事件」のたたかいは、何年にもわたった。なんと四九九戸をも、政官界、法曹界、マスメディアの有力者らに特恵分譲していたことが明らかになり、仲介などで金を受け取った京畿道《キョンギド》知事夫人、城南市長、警察幹部、マスメディア関係者、政治家らが続々と捕まった。

振り返ってみると、あの事件は、わたしと不動産マフィアや陰険な既得権勢力との間に戦線が構築された瞬間だった。ある評論家は、わたしが「不動産覇権主義勢力の逆鱗に触れた」と表現したりもした。

問題は、この戦いはまだ、終わっていないということだ。

不動産投機勢力は今なお、綿々と生き残り、土地を介したその利益追求は、満足するところを知らない。

彼らはあらゆる手段を動員して不動産価格の上昇をあおり、互いに結託して法を犯し、天文学的な利益を得ている。彼らは手ごわい巨悪であり、この社会の隠れた実力者たちなのである。

不動産マフィアの逆鱗に触れる

土建マフィアとの戦いは、今も続いている。

大庄洞《テジャン》開発事業についても変わるところはない。大庄洞の件は、二〇一八年の京畿道知事選の際にも起訴されたことのある事件だ。検察は、開発利益金五五〇三億ウォンを市民の取り分として還収した、というわたしの発言が「虚偽事実の公表」に当たるとして起訴した。

で、その結論はどうなったのか？　つまるところ、「無罪」だったのである。

検察と警察は、あの時点ですでに大庄洞事件について顕微鏡で見るように詳しく調べていたはずだ。わたしに不正や汚職があったのだとすれば、なぜ、その時点で、そこを問題にしなかったのか。

元もと韓国土地住宅公社（ＬＨ）の公共事業として進めていた大庄洞開発事業を民間事業に変更したのは「国民の力」（保守系与党）側の勢力だった。それを、わたしが城南市長になって民間事業にストップをかけ、城南市の公共事業として進めたのだった。公共事業にして市民全体の利益になるようにすべきだ、というのがわたしの原則だった。

そんな公共事業が「国民の力」側によって阻止され、やむなく公共と民間の合同開発という形にして、公益を最大限、還収することにした。背に腹は代えられなかったのである。「国民の力」側の勢力が多数派を占める市議会の反対で地方債の発行が止められ、城南市の予算だけでは開発資金を調達できず、結局、民間の投資に頼るほかなかった。

そんななかで、わたしは次のような原則を立てた。

――資本は、民間で出す。損害とリスクは、民間側で負う。事業がどうなろうと、城南市は固定額を利益として受け取る。

民間業者の方で却って契約を渋るほど、城南市にとって一方的に有利な事業方式だった。

二五億ウォンを投資した城南市は、当初予想した利益の七〇パーセントに当たる四四〇〇億ウォン程度を還収し、一兆三千億を投資した業者側の取り分は三〇パーセントの一八〇〇億だった。のちに地価上昇によって業者の利益は二千億ほど増えたが、城南市が彼らに一四〇〇億ウォンを追加負担させ、全体の利益の六〇パーセントほどを還収して市民の取り分とする結果となった。わたしでなかったなら、城南市で確保した計五八〇〇億ウォンも彼ら業者と政治家、元検事らの取り分となっていたことだろう。

不動産投機勢力はわたしの奇襲に、またしてもやられたわけだ。土建マフィアがいまだもって必死になって、わたしに反対する理由はここにある。

土地を介した彼らの利益追求は、日々まじめに働いて暮らしを立てる庶民らに剥奪感《はくだつかん》（何かを不当に奪われたという感覚）を与える。不動産価格の上昇は、多くの人びとを「にわか乞食」にしてしまう。共同体の構成員全員に、この社会の公正と正義について懐疑心を抱かせてしまう。

不労所得は、だれかの損失である。不動産の不労所得は、だれかの血涙なのだ。この積年の弊害を根本から無くさない限り、公正や正義は期待し難い。

世界十位の経済大国、大韓民国である。もはや国家が国民の基本権として住居権を保障するべき時である。

地域の均衡発展、首都圏集中の緩和、大規模な住宅供給、長期間住める公営賃貸住宅の提供など、賢明な施策が求められる。やろうと決心し、勇気を持って決断し、果敢に実行すれば、いくらでも可能だ。わたしには、そうする自信がある。

国民の頭から住宅の心配をなくそう、というのがわたしの目標の一つだ。独りでは不可能だが、不正と不義を断ち切りたいと願う百万、千万の国民の気持ちと意志があるものと信じている。

どうぞ、心を一つにしてくださいますように……。戦いはまだ、終わってはいない。

市民、その偉大な力

土建マフィアとの戦争を終え、少し休みたくなった。しかし、悔しく、切羽詰まった思いから「われらが弁護士」を求める声は、そこらにあふれ返っていた。城南で最大級の病院二つが相次いでなくなると聞いた。五十万人を超す城南旧都心の住民が利用する総合病院であり、救急医療機関だった。

住民らには大変なことだった。黙って見過ごせなかった市民らは、城南市立病院の設立を求める「市民推進委員会」をつくった。「城南市民の会」はそこでも、労働組合といっしょに中心的な役割を果たすほかなかった。

大学一年生の時のことだった。一週間にわたって行われる軍事学校入所訓練を前に、教練の教官から「障がいを証明する診断書をとって来い」と言われた。城南市でいちばん大きな病院に行った。受診料は二万ウォンだと言われた。お金のなかったわたしは引き返すほかなく、翌日なんとか二万ウォンを工面して持っていった。ところが、病院は、受け付けの費用としてさらに千ウォンの追加支払いを求めたかと思うと、ほかに、レントゲン代として一万八千ウォンも要求した。全部でなんと、三万九千ウォンにもなった。憤りを感じた。他の病院に電話をしてみたが、どことも、そのような診断書の作成は取り扱っていないというのだった。

病院は、融通の利かない市場の論理で、人を扱っていた。医療保険も効かず、諦めるしかなかった。ほろ苦く、寂しかった。わたしは診断書づくりを放棄した。そして、これも一つの経験だと思って軍事学校に入ることにし、障がいのない友人らとまったく同じように軍事訓練を受けた。

こうした体験によって医療の分野における公共性がいかに大切かということに気がついた。一刻を争う命の問題ではないのか？　城南市立病院設立推進運動は、多くの庶民のための運動だった。結局、わたしは、推進委員会の共同代表を引き受けることになった。

市立病院の設立へ、住民発議の条例制定を目指すことにした。住民発議の条例制定は、韓国に地方自治制度が導入されたことによって初めてできた制度であり、教科書に書いてあるだけのようなものだった。それを実際に、実現させようとしたのである。

地域の政治家たちは、せせら笑った。圧力をかけるためのパフォーマンス程度のものだろうと考える人も多かった。しかし、わたしたちは本気だった。わたしもまた、当時も今も、やろうと言ったらやる、やるふりをするだけの人間ではない。

寒波が吹きつける冬、路上でハンドマイクを持ち、住民発議に加わる人たちを募り始めた。労組員や「城南市民の会」の関係者だけではなく、弁護士事務所の常勤メンバーまでがこの運動にかかりっきりになった。夜中の午前二時まで、仕事をする日が続いた。

こうして住民発議者一万八五九五人を集めた。発議者一人ひとりについて、居住地や身元を証明する住民登録証まで確認しなければならない。それを、三週間で二万人近く集めたのだった。設立支持声明には、二十万人を超す市民が加わった。旧都心地域市民の半数に近い数字だった。市民たちの熱い反応に、わたしたち全員が驚いた。住民が公共病院設立のために自ら立ち上がって直接発議した条例案。それは、韓国の地方自治の歴史に記録されるべき記念碑的なことだった。

自ら行動する偉大な市民――。敬意を表したかった。

四十七秒で潰えた市民の夢

ついに、二〇〇四年三月二十四日、「城南市医療院設立および運営条例案」が城南市議会に上程された。

当日、市議会の傍聴席に陣取ったわたしたちは、「市立医療院をつくれ」という城南市民の圧倒的な願いと世論を、市長と市会議員らはそう簡単に無視はできないだろうと踏んでいた。ところが、しばらくして、信じられないようなシーンが演出された。たったの四十七秒で「審議保留」が宣言されたのである。事実上の否決であり、廃案とするものだった。最小限の賛否討論もなく、そのようにしたのだった。驚くべきことだった。

真冬に数万、数十万人が参加するなど、二年にわたる市民の努力が傾けられた条例案だった。

流動人口五十万を超す城南の旧市街地に、まともな総合病院はもとより、公共医療施設さえ、ろくになかった。住民たちは、最も必要とするものを自らの努力で、また、正当な権利と方法によって要求していた。しかし、わずか四十七秒で、強行採決によって黙殺された。ハンナラ党（現在の「国民の力」）が多数を占めた城南市議会は市民を、つま先で蹴飛ばす石ころほどにも考えていなかった。憤りを感じたわたしたちは、本会議場に入っていって強く抗議した。驚いた市会議員らは慌てて逃げ出した。がらんとした本会議場に座り込み、みんなが泣いた。そんなことでは、いけないのだ。主権在民は、辞書の中だけにある死語だというのか。

ことは、そこで終わらなかった。城南市議会はそこへさらに、市民の代表とわたしを特殊公務執行妨害で告発した。それが、市民に対する彼らの態度だった。わたしは逮捕を逃れ、市役所前にある住民教会の地下室に隠れた。逮捕が怖かったからではなく、告発された市民らについて、その対策を練る時間が必要だった。

「弁護士先生、われわれは、この先、どうしたらいいのでしょうか?」

教会の地下室を訪ねてきた仁荷《イナ》病院労組副委員長のチョンヘソンさんはこう問うのだった。

この局面を打開する道はあるのか、あるとすればどうしたらいいのか、という問いだった。外から声を張り上げているだけでは、限界があった。

虎穴に入らずんば虎子を得ず——。

「わたしたちで病院をつくりましょう」

わたしは、そう答えた。

「どのようにして?」

「わたしたちが市長をやりましょう。そして、わたしたちで病院をつくるのです」

いまもしっかりと覚えている二〇〇四年三月二十八日午後五時——。それが、政治の道に入っていく瞬間だった。もちろん、その時のわたしの答えは「私がやる」というものではなく、「我々でやろう」というものだった。市民の自発的な力によって市長を擁立し、わたしたちの市長が病院をつくるようにすればいい、ということだった。
いま振り返ってみると、それは運命のような出来事だった。わたしの立ち位置は、常に最も厳しい前線だった。
この件で、わたしは罰金五百万ウォンを宣告され、パークビュー事件に続き、二度目の前歴がついた。

それから十年が経った二〇一三年、わたしは城南市長として城南市医療院の着工式に臨み、着工記念の発破のボタンを押した。三十二室の陰圧病床が設計された医療院は、全国最高の公共病院になる予定だった。そんなある日、わたしはフェイスブックに、こう書いた。

——スポーツセンターや公園には多額の予算を投入して運営するのに、医療院にはどうして予算を使ってはいけないというのでしょうか？　公共医療サービスの強化は、税金を納める国民の正当な要求であり、権利です。ですから、赤字だとか、只《ただ》だとかという問題ではなく、それは望ましい予算の執行であって、善良な投資なのです。国民の健康のため、税金を無駄にせずに公共医療システムを確立するのは国家の義務なのです。

李在明《イジェミョン》除去作戦報告書

ていた。

李明博《イミョンバク》－朴槿恵《パククネ》政権の時代、四日のうち三日は、家宅捜索や調査、監査、捜査を受け執務室や自宅への家宅捜索はもとより、検察と警察は海外出張時の通話履歴や、母が市役所に出入りした際の監視カメラ記録までも要求した。城南市の職員数十人が調べを受けたり、市役所や自宅に五十人の検事や捜査官がいきなり押しかけたりもした。

二〇一二年、李明博政権は、わたしについての四十ページほどの報告書を作成した。大統領府と行政安全部（省）、そしてハンナラ党の金文洙《キムムンス》氏が知事だった京畿道が、城南市を二カ月間にわたって内部調査した結果をまとめたものだった。当時、大統領府内部では、わたしを辞めさせなければならないとし、城南の保守市民団体を動かしてリコール運動を起こすという具体的な方法についてまで話し合われたという。
いうならば、「李在明除去作戦報告書」だった。

最近になるまで、大きく変わるところはなかった。文在寅《ムンジェイン》政権が改革しようとしていた旧態依然の検察勢力は、わたしを捕まえるために、あらゆることを試みた。そのため、選挙で選ばれる公職に就いていた十二年間のうち、最初の二年を除く残りの期間はずっと政治生命をかけた司法闘争を続けなければならなかった。

わたしは既得権勢力の標的としてずっと監視されてきた。

なぜ、そうなのかといえば、そこに噛みついたからである。公益のために食ってかかったのだ。積年の弊害とは結託しなかった。そんななかで、ありとあらゆる疑惑をかけられ、「間違っていたら、ごめん」といったふうな、いい加減なマスコミ報道によって、数えきれないほどのとんでもないイメージがつくり上げられてきた。わたし自身、金魚鉢の中の金魚であることはよく自覚している。わたしを排除しようとする勢力は、いまも絶えず虎視眈々と粗《あら》を探し、揺さぶりをかけ続けている。これは事実である。よって、わたしにとって腐敗は、そのまま死を意味している。

だれにでも、分かることだろう。こんな状況にあって、万一、わたしにわずかばかりでも不正や腐敗があったとしたら、わたしの政治生命は、そこで終わっていたであろうということだ。そんな状況にあって、生き残ることができる道は、ひたすら清廉という盾を構えることだけなのである。隙間なく徹底して、である。

一瞬の不注意も許されない戦場、わたしの心臓をめがけて降り注ぐ矢――。

しかし、わたしはまだ、生きている。

たまに、考えてみることがある。判事か検事になり、その後、弁護士になって無難で平凡な人生を過ごしてきたとしたら、どうだっただろうか。好きな旅行をし、釣りをし、自転車に乗り、家族とおいしいものを食べる、ごく普通の日常を送る人生を歩んでいたとしたら……と。辛く、苦しいことの多い日などには、そんな思いもよぎる。

しかし実際に歩んだ道は、こういう方向に流れてきたのであり、わたしはそれを拒むことなく、できうる限り誠実に与えられた道を歩んできた。

わたしの夢見る社会は、みんながいっしょに生きる世の中だ。そのような社会をつくるうえで、わたしが役に立てることを願っている。

しかし、だれもがいっしょに豊かに暮らす、そんな世の中はじっと待っているからといって来るものではない。わたしのたたかいはまだ、終わっていない。ただ、独りでたたかっていては絶対に勝てないと切実に感じる。いっしょにたたかってくれる同志が必要だ。

そういうわけで、この本を読むみなさんに、そっと尋ねてみたいことがある。

みなさん、李在明です。

いかがでしょうか？　わたしとご一緒しませんか？

あとがき　傷口は人間に光が入る通路である

本書（原題『その夢があってここまで来た』）は、ストーリーテリングコンテンツ研究所が精密な取材と調査、検証をへて整理した李在明についての正本『人間　李在明』を基に、「ウェブ自叙伝」のボランティアたちの支援を得て李在明候補とストーリーテリングコンテンツ研究所が共同著述したものです。

人間・李在明の人生について知っている方々はみな、彼がどれほど多くの傷を負いながらここまで来たのかということについてよく分かっています。しかし、彼が負った傷はすべて貧困、不義、不公正とたたかった、消し去ることのできない記録なのです。彼には私的な利益を守ろうとして負った傷はただの一つもありません。

十三世紀のペルシアの詩人ルーミーは「傷口は人間に光が入る通路である」と言いました。中世の月明かりのなかを歩いた詩人の洞察力を借りるなら、彼の傷痕はそれだけ多くの光が彼の内面にしみ込んでいった痕跡なのでしょう。

「誠実で素朴な人たち、貧しくて悔しく悲しい思いをしている人たちのために生きていこう」という自分自身との約束を守るために努力し、最悪の条件から最上の挑戦をおこなって今日に至った李在明候補の感動的な生き方を正確に伝えようというこの作業にいっしょに加わっていただいたボランティアのみなさんに深く感謝申し上げます。

——ストーリーテリングコンテンツ研究所

訳者あとがき

韓国の最大野党、進歩系の「共に民主党」代表李在明《イジェミョン》氏については否定的に報じられることが多かった。「疑惑まみれ」「相次ぐ側近らの不審死」「嫌悪感」「求心力低下」……。前回二〇二二年三月の大統領選で現大統領の尹錫悦《ユンソンニョル》氏に惜敗した後とくに、それが目立った。検察捜査の標的になり、公選法違反や背任などで起訴が繰り返されてきた。

しかし、それでいながら李在明氏は「将来の政治指導者」としての期待度を問う世論調査では常に、ほぼ最上位にその名前が挙ってきた。昨年四月の総選挙では保守与党「国民の力」に大勝。昨年末の尹錫悦大統領の「非常戒厳」以来の弾劾政局でいままた、次期大統領の有力候補として大きく浮上してきている。

起訴された刑事裁判の結果によっては次期大統領選への出馬資格を失う。そんな「司法リスク」を抱えながらもここまで多くの支持を集めているのはなぜなのか。

　ソウルの書店で『李在明自伝』（ASIA出版）を手にしたのは昨年初夏のことだった。「その夢があってここまで来た」（「그 꿈이 있어 여기까지 왔다」）というタイトル。前回の大統領選に向けて出された本だった。読んでみて、私の「なぜ」に一つの答えが示されているように思えた。本書を出すに至った動機である。

　朝鮮半島東部の太白《テベク》山脈の麓で火田民の子として生まれた。火田民——朝鮮半島の山地で焼き畑農業をした人たちである。朝鮮王朝時代以来、没落した農民が生きるための最後の選択肢として山に入ったといわれる。日本の植民地から解放された後も、韓国の高度成長で都市が農村人口を吸収していった一九七〇年代まで存在していた。

　李在明氏一家が故郷を離れ、ソウル近郊の城南《ソンナム》市に移ったのは一九七六年、在明少年が小学校を卒業したばかりの早い春だった。まちの市場の裏通りの半地下の一間に一家七人が暮らす生活が始まった。

　在明少年は、近くの工場ともいえない住宅内の作業場で働き始め、工場を転々とした。低賃金、劣悪、危険、長時間、徹夜労働、いじめ、暴力、絶対服従……。過酷な職場環境のなかで在明少年は考えた。

職場のいじめや暴力から逃れるには管理職にならないといけない。それには高卒の資格が必要だ。この少年にとっての唯一の道は検定試験だった。

工場で働きながら夜間の塾通いで中学と高校の卒業資格を得た。しかしそれでも生活は変わらない。少年はやがて社会に目覚め、大きく成長していった。

暴力をふるう管理職になるのではなく、暴力をふるう管理職のいない社会をつくろう。私憤を公憤へと昇華させていくなかで少年は大学進学を決意する。

想像を絶する悪条件下で猛勉強し、特待奨学金を得られる好成績で法学部に入学、一九八六年、二十二歳で司法試験に合格した。

韓国社会が民主化へと大きく動いた時代だった。学友が民主化デモの先頭に立つのを横目に自分は勉強だけだったという負い目――。その「借り」を返そうと初めから弁護士の道を選んだ。

城南市で弁護士事務所を開いた一九八九年、このまちには彼の一家と似たような境遇の人たちがたくさんいた。ソウルの都市再開発で追い出された「撤去民」や、新しくできた工業団地に職を求める人など、全国各地から人々が集まってきていた。そこでの労働がどんなものであるかを知っていた彼は労働問題に取り組み、人権弁護士として活躍する。

新たな転機は一九九五年、「城南市民の会」（現城南参与連帯）の立ち上げだった。彼は市民運動家となり、不動産取引の「特恵疑惑」など、巨大な既得権勢力に挑んでいった。二〇一〇～一八年城南市長、一八～二一年京畿道《キョンギド》知事。市長時代、「モラトリアム」宣言で赤字財政を克服。地域商品券支給による若者支援や中高生への制服無償支援など、自らの生活体験に基づいた福祉政策を推進。時の朴槿恵《パククネ》政権が「待った」をかけるとソウルの中心部で抗議のハンストをおこなったりもした。知事転身後は「ベーシックインカム」の施策に果敢に取り組んだ。

その間二〇一七年の大統領選に名乗りを上げたが、党内予備選で敗退。二一年七月、二度目の大統領選出馬を宣言し、暮らしと国家の「危機」を強調して、こう訴えた。「危機が多かった貧困層の非主流出身ですが、ピンチをチャンスに変えてきた私だからこそ、危機の韓国を希望の国に変えることができるのです」

こうして出た前回の大統領選で一千六百余万票を獲得し、尹錫悦氏（現大統領）に〇・七三ポイント差にまで迫ったのだった。

惜敗した李在明氏の次への対応は早かった。当面の照準を二年後、二四年春の総選挙に合わせ、大統領選三カ月後の二二年六月におこなわれた国会議員補選に出て当選。八月の民主党大会で党代表に選ばれた。

そんな李氏にまとわりついたのが「疑惑」報道だった。城南市長時代、市の土地開発公社による都市開発をめぐって民間業者に便宜を図った、などとするものだ。李氏は全面否定したが、検察は公社幹部らを逮捕し、李氏も二二年九月、公選法違反で在宅起訴された。大統領候補だった時期に、都市開発にからんで虚偽の発言をしたとするものだった。

二〇二三年に入ると、検察の捜査は加速。李氏に対して逮捕をちらつかせ、背任などで在宅起訴を重ねた。九月、李在明氏は大ピンチに陥る。検察は新たに背任容疑などで逮捕令状を請求。国会議員の逮捕には国会の同意が必要なため採決に付された結果、可決。過半数以上の議席を持つ民主党同僚議員らの大量造反は明らかだった。

李在明氏は元検察総長の尹錫悦大統領を名指し「検察独裁による政治工作だ」と批判、

八月末から抗議のハンストに入っていた。結局、裁判所は逮捕状請求を棄却。李氏は辛うじて危機を乗り越えたのだった。

二〇二四年四月の総選挙は尹錫悦政権に対する「中間評価」だった。李在明氏は公認候補を選ぶ過程で有力現役らに代えて自らに近い人物を配するなど、党内を掌握し直して選挙に臨んだ。結果、民主党は過半数を大きく上回る一七五議席（定数三〇〇）を獲得、一〇八議席の「国民の力」を圧倒した。

勢いに乗る李氏は八月、圧倒的な支持で党代表に再選され、尹錫悦政権への攻勢を強めた。尹大統領は予算や人事など重要案件で野党主導の国会に縛られ、それが十二月三日の「戒厳令」につながっていったのだった。

李在明氏への国民の期待度は高まっている。尹大統領が弾劾訴追で職務停止となったあと今年一月七~九日におこなわれた韓国ギャラップの調査では、「期待できる将来の政治指導者」として回答者の三二パーセントが李在明氏を挙げ、雇用労働相金文洙《キムムンス》氏（保守系）八パーセント、「国民の力」前代表韓東勲《ハンドンフン》氏（同）六パーセント、大邱《テグ》市長洪準杓《ホンジュンピョ》氏（同）五パーセント、ソウル市長呉世勲《オセフン》氏（同）三パーセントなど、二位以下を大きく引き離している。

「李在明人気」は生い立ちとそれをバネにした弁護士活動、そして「弱者の味方」を前面に出す政治的パフォーマンスと無関係ではないだろう。

貧しい時代が長かった韓国では困窮から身を起こした政治家は少なくない。民主化後の大統領だけを見ても、盧武鉉《ノムヒョン》氏は貧しくて大学に行けなかった。李明博《イミョンバク》氏は昼働いて夜間高校で学び、ごみ収集の仕事をして大学に進んだ。北からの避難民の子だった文在《ムンジェ》寅《イン》氏は小学校時代、弁当を持っていけない辛さを味わった。彼らの支持者には、そうした生い立ちを自らに重ねる人たちも少なくなかったといわれる。

富裕と貧困の両極化は韓国でも進んでいる。疎外された人たちがいま、李在明氏にシンパシーを感じたとしてもおかしくはない。

それだけではない。元東亜日報《トンアイルボ》東京支社長で、日本でも話題になった映画『南山《ナムサン》の男たち』の原作者としても知られる金忠植《キムチュンシク》氏は次のように指摘する。

「世論は李在明氏を政治的弾圧の犠牲者と見ていっそう強く支持している。彼の司法リスクの問題と関連した状況が却って支持者の結束を強め、政治闘争と認識させている」

「検察のダブルスタンダードも李在明氏への同情論を広げている。尹錫悦大統領夫人の株価操作や高級ブランドバッグ収受の疑惑は捜査せず、李在明氏夫人の法人カード十万余ウォン（一万余円）の使用については百回余も家宅捜査をおこなった」

「判官《ほうがん》びいき」に似た感情は日本人だけのものではないだろう。国家機関についての信頼度を問う世論調査でも、検察に対する信頼は大きく落ちてきている。

李在明氏の「司法リスク」についていえば、今年一月現在、五件の刑事裁判を抱えている。昨年十一月、このうちの二件について一審判決が下り、一件は無罪、もう一件は有罪判決となり、いずれも控訴されている。

一審で有罪とされたのは公選法違反（虚偽の事実の公表）事件で、「懲役一年、執行猶予二年」の判決だった。韓国では公選法違反の罪で百万ウォンの罰金刑以上が確定すれば国会議員を失職し、五年間は被選挙権を失う。一審通りに確定するとすれば、李氏は次期大統領選に出られなくなる。控訴審、さらに、ほかの裁判や最終判決はいつごろ、どんな結果になるのか。

一方で、弾劾訴追を受けた尹錫悦大統領の憲法裁判所での弾劾審判はどうなるか。罷免となれば、そのまま大統領選に移行する。

李在明氏について韓国民に聞いてみると、「好き」と「嫌い」の両極端に分かれているように感じる。混迷の政局はどうなっていくのか。いずれにしても李在明氏抜きに、いまの韓国社会を語れないことは確かである。

この翻訳出版にあたっては、韓国語を母語とする大阪在住のキムチンシルさんの全面的な協力を得た。キムさんの協力なしには、この本はできなかったということを書き添えておきたい。

二〇二五年一月十日

波佐場　清

【著者】……………………………………………………………

李在明（イ ジェミョン）

1963年、慶尚北道安東郡礼安面道村里生まれ。小学校卒業後、13歳で工員として城南市で働く。工場に通いながら検定試験で中学・高校卒業資格を得、1982年ソウルの中央大学法学部に入学。司法試験に合格したあと城南市に戻り、人権弁護士をしながら市民運動に加わった。城南市長、京畿道知事をへて2022年、韓国大統領選に「共に民主党」候補として立候補し、落選。同年から国会議員、同党代表。

ストーリーテリングコンテンツ研究所

文化と産業の連携やコンテンツジャンル間の融合を目的に2010年に設立された。大学教授や詩人、小説家、劇作家らが文学コンテンツの創作研究や出版事業をおこなっている。

【訳者】……………………………………………………………

波佐場清（はさば きよし）

1947年石川県生まれ。大阪外国語大学（現大阪大学外国語学部）朝鮮語学科卒業。71年朝日新聞入社。大阪社会部員、ソウル支局長、編集委員など。神戸大学客員教授をへて立命館大学コリア研究センター上席研究員。著書に『コリア閑話』（東方出版）、訳書に『南北首脳会談への道　林東源回顧録』（岩波書店）、『金大中　平和統一論』（朝日新聞社）、『金大中自伝Ⅰ,Ⅱ』（共訳、岩波書店）。

本書は 2022 年韓国のアジア出版より刊行された書籍の日本語版です。

李在明自伝
わたしが目指す韓国

2025年 4 月 3 日　初版第 1 刷発行

著　者 ――― 李在明
ストーリーテリングコンテンツ研究所
訳　者 ――― 波佐場清
発行者 ――― 稲川博久
発行所 ――― 東方出版(株)
〒543-0062　大阪市天王寺区逢阪2-3-2
Tel. 06-6779-9571　Fax. 06-6779-9573
装丁・組版 ―― 寺村隆史
印刷所 ――― 亜細亜印刷(株)

乱丁・落丁はおとりかえいたします。
ISBN978-4-86249-465-8